C. Begyn · G. Glück · A. Käflein · J. Müller

Fisch à la Cartoon

GERICHTE AUS DEM SCHWARZEN ADLER, OBERBERGEN
UND DEM RESTAURANT JÖRG MÜLLER, WESTERLAND

Fisch à la Cartoon

Gerichte aus dem Schwarzen Adler, Oberbergen und dem Restaurant Jörg Müller, Westerland

Mit einem Vorwort und gekocht
von Christian Begyn
und Jörg Müller
Gezeichnet von Gerhard Glück
Photographiert von Achim Käflein
Mit einem Vorwort und Weinempfehlungen
von Franz Keller

Fackel
träger

Inhalt

Alle Rezepte sind für vier Personen berechnet

Fisch und Wein

Wie der Weingenuß hat auch die Fischküche in Deutschland, privat und in der Gastronomie, bemerkenswert an Niveau gewonnen. Bedürfnis und Nachfrage nach höherer Qualität bekamen nicht zuletzt durch den Tourismus deutliche Impulse. In der Gastronomie wurde der Europa-Gedanke eher realisiert als in der Politik selbst! Schon Mitte der fünfziger Jahre öffneten sympathische Kollegen wie Paul Haeberlin, Paul Bocuse, Jean Troigros, Roger Vergé, Michel Guerard und Pierre Gärtner ihre Küchen für lernbegierige Nachwuchsköche aus Deutschland. Es dauerte natürlich einige Zeit, bis man die ersten Ergebnisse dieser großartigen Entwicklung in deutschen Restaurants genießen konnte. Manch altgedienter Küchenchef schlug die Hände über dem Kopf zusammen, wenn er zusehen mußte, wie diese Frankreich-Heimkehrer allein für die Bereitung der Saucenfonds in der Fischküche unvergleichlich viele Flaschen guten Weins statt des üblichen „Kochweins“ verwendeten. Der Grundsatz, daß nur mit besten Zutaten beste Ergebnisse erzielt werden können, war damals in Deutschland noch lange nicht populär – er hat sich leider auch heute noch nicht überall durchgesetzt. Auch beim Weinbau setzen manche Winzer immer noch auf Masse statt auf Klasse. Sie begreifen nicht, daß der deutsche Weinbau damit keine Chance hat, auf dem internationalen Markt verlorenes Terrain wieder zurückzugewinnen. Und unter schlechtem Wein leidet auch ein Fischgericht, sei es auch noch so gut zubereitet!

Das breite Angebot an Gerichten aus Fischen, Krustentieren und Meeresfrüchten steigert den Bedarf an guten Weinen vieler Varianten. Jedes große Festessen oder Feinschmecker-Menü enthält heute mehrere Teile aus der Fisch- und Meeresfrüchte-Küche. Ich weiß, daß man schon vor Jahrzehnten an vielen Punkten der Nord- und Ostseeküste in der klassischen Gastronomie eine gute Seezunge Müllerinart oder Seezungenfilets in Weißwein bekam. Ich weiß auch, daß eine gebratene Nordseescholle schon vor Jahrzehnten gut sein konnte. Ich weiß aber auch, daß, von wenigen Ausnahmen abgesehen, im Inneren des Landes Fischgerichte hoher Kochkunst eine Seltenheit waren. Nur wenige Arten von Seefischen wurden per Bahnexpress ins Inland versandt. Aber in den Flußlandschaften gab es Delikatessen, nämlich Bachforellen, jene echten mit den roten Punkten, welche ganz einfach blau, mit leicht schäumender Butter und Salzkartoffeln, auf den Tisch kamen. Wer sie heute noch findet, ist ein Glückspilz. Die Adressen der Wirte bleiben, von seltenen Ausnahmen abgesehen, geheim.

Die Bachforelle ist eine der letzten Delikatessen aus einheimischen Fischbächen. Aber es gibt Lichtblicke. Die aufwendige und mit hohen Kosten verbundene systematische Reinigung unserer Gewässer macht Fortschritte, wenngleich langsam. Der Bodensee hat wieder klareres Wasser und bessere Fischbestände, und davon profitiert der Rhein. Wenn die Industrie an seinen Ufern verantwortungsbewußter wird, kann er wieder wie früher ein fischreiches Gewässer werden. Im Süden gibt es jedenfalls schon manchmal Schleien und Aale aus den Nebenarmen des Rheins. Wäre es nicht herrlich, wenn eines Tages auf beiden

Seiten des Rheins wieder Friture-Fische zu einer Spezialität würden und die Matelote, das köstliche Elsässer Matrosengericht, wieder aus Fischen des Rheins und seiner Nebenarme zubereitet?
Interessant ist, daß an der ganzen französischen Atlantikküste zwar eine reich sortierte Fisch- und Meeresfrüchteküche geboten wird, die höchste Qualität, die *Große Fischküche*, wurde und wird jedoch an den Ufern der Flüsse praktiziert. Und immer schon war der Wein, vor allem was Feingeschmack und Bekömmlichkeit betrifft, eine wichtige Zutat. Säurebetonte Loireweine bestimmen die weltberühmte Beurre blanc. Im Elsass sind es die Rieslingweine, die nicht nur im Glas, sondern auch in den klassischen Saucen genüßlich wirken. An der Saône begleiten seit Generationen die Chardonnays von der Côte de Blanc in Burgund, im Maconnais und im Beaujolais kulinarische Köstlichkeiten in den Saucen und im Glas. In Baden haben wir die Grau- und Weißburgunder, Weine, die hohen Ansprüchen genügen – aber nur, wenn sie von qualitätsbewußten Winzern angebaut und von Kellermeistern ausgebaut werden, die auch Sinn und Freude für köstliche Gerichte aufbringen.
Das Thema Fisch in Rotweinsauce ist nicht neu. Es gab schon immer Versuche, Rotweinsauce für Fische populär zu machen. Nur wenige der immer wieder aufkommenden Kreationen sind zur Tradition geworden. Ich glaube auch zu wissen, weshalb: Die Gerbstoffe eines guten Rotweines verbinden sich sehr gut mit dem Geschmack roten Fleisches, und zwar ganz gleich, ob Wildbret, Rind oder Lamm. Für die hochsensiblen, also weniger kräftigen Aromen von wertvollen Fischen sind sie zu massiv, von seltenen Ausnahmen abgesehen.
Noch ein Wort zu den Austern. Für mich und viele andere Feinschmecker ist eine Auster nur optimal frisch, kalt und ohne jede Zutat genüßlich. Ein Tropfen aus der Zitrone auf den äußersten Rand gegeben zeigt die Frische, die beste Würze ist das klare Meerwasser, das, wenn es ausgetrocknet ist, auch mit dem Trick der Salzwasserfüllung nicht ersetzt werden kann. Hier liegt auch die Ursache für das Mißtrauen vieler Kenner gegenüber jeglicher Art von verarbeiteten Austern. Wenn Sie aber selbst für sich und Ihre Freunde in der Küche sind, ist dieses Mißtrauen natürlich überflüssig. Testen Sie also die köstlichen Austernkreationen in vorliegendem Buch.
Welche Weine ich zu den Kreationen von Christian Begyn empfehle, steht jeweils bei den einzelnen Rezepten. Wenn ich dort von einem säurearmen Wein rede, meine ich damit nicht matte, platte Weine. Vielmehr verstehe ich darunter die durch Alterung integrierte Säure eines guten Weißweines nach einer Reifezeit von 2 – 3 Jahren. Auch das alte Problem für die Weinempfehlung bei Salaten ist nahezu verschwunden, wenn man wirklich milden Balsamessig benützt. Wer ein paar Mark mehr für alten Balsamessig anlegt, kann auch die ganze Palette leichter, charaktervoller, aber süffiger Weine ins Glas bringen. Entscheidend ist aber, was die anschließenden Gerichte als Weinbegleitung brauchen.
Ich hoffe, daß Sie mit meinen Vorschlägen glücklich sind.

Franz Keller

Qualität und Flexibilität

Schon in meiner frühesten Kindheit verbrachte ich viel Zeit bei meiner Mutter in der Küche. Trotz unserer bescheidenen Verhältnisse hatten wir immer gute Sachen zu essen; wir hielten einige Tiere, und mein Vater sammelte je nach Jahreszeit Pilze. An Pfingsten aßen wir normalerweise Zicklein, im Herbst ganze Schüsseln voller Morchelsalat, Steinpilze und Pfifferlinge oder im Ofen gegarte Gänseleber. Das Gefühl für Qualität und der Einfluß der Jahreszeiten auf den Speiseplan gingen mir schon damals in Fleisch und Blut über.

So war es für mich ganz selbstverständlich, meinen Beruf zu wählen. Mit 14 Jahren hatte ich dann das Glück, einen sehr guten Lehrmeister zu finden, René Fulgraff in Colmar. Von ihm lernte ich die Grundlagen unseres Berufs – er war schon damals ganz besonders auf die Qualität der Zutaten bedacht. Später dann hatte ich das Glück, verschiedenen großen Gastronomen zu begegnen, deren Ratschläge für mich sehr wertvoll waren.

Die große Küche beginnt beim Einkaufen, bei der Auswahl eines Qualitätsproduktes.

Seien Sie beim Einkauf flexibel, beharren Sie nicht auf einer vorgefaßten Idee. Versuchen Sie, das Rezept, das Sie kochen wollen, dem Fisch anzupassen, den Sie letztendlich kaufen.

Es ist auch unerlässlich, daß Sie bei der Zusammenstellung Ihrer Menüs auf die Jahreszeit achten. Kochen Sie nach dem Kalender! Natürlich sind z.B. Jakobsmuscheln das ganze Jahr über erhältlich, aber nicht immer in gleicher Qualität. Wenn Sie gute Zutaten kaufen, werden Sie bei der Umsetzung eines Rezeptes nie enttäuscht, auch wenn Sie vielleicht eine Variation von dem kochen, was Sie ursprünglich vorhatten.

Seit meiner Kindheit höre ich, daß man die guten Produkte von früher nicht mehr findet. Das stimmt nicht! In unserer heutigen Gesellschaft wurden wir allerdings durch Industrialisierung zu einer Verflachung des Geschmacks geführt, und Massentierhaltung und intensive Züchtung verbessern die Qualität nicht, sondern machen die Tiere anfälliger. Man denke nur an die Krebspest und andere Krankheiten, die das Leben in unseren Flüssen und Gewässern vernichtet haben. Heute ist es aber durch die modernen Transportmittel möglich, überall Fische guter Qualität zu finden, die natürlich ein bißchen teurer sein müssen.

Wenn Sie Gäste empfangen, kochen Sie ein Rezept, das Sie beherrschen. Nicht der Schwierigkeitsgrad des Rezeptes, sondern die Qualität der Ausführung ist wichtig.

Das ist die große Küche: Eine perfekte Harmonie der Aromen und des Geschmacks. Dies wird nicht durch die Verbindung gegensätzlicher Elemente geschaffen. Manchmal glaubt man ja, damit etwas Neues geschaffen zu haben, hat aber nur den guten Geschmack zerstört. Große Küche betont den Eigengeschmack der Hauptzutat.

Wenn Sie sich bei der Umsetzung eines Rezeptes unsicher fühlen, zögern Sie nicht, den Rat des Fachmanns zu holen. Oder vervollkommnen Sie Ihre Kenntnisse durch Teilnahme an dem einen oder anderen Kochkurs. Die Küche ist eine Kunst, zu der viel Liebe, aber auch ein wenig Wissen gehört. Gutes Gelingen und guten Appetit!

Christian Begyn

Kreativität und Genuss

Für mich war schon als kleines Kind klar, daß ich Koch werden wollte. Mein Vater betrieb nebenberuflich gleich nach dem Krieg eine kleine Dorfwirtschaft, in der ich bald mithalf. Die Wirtschaft hatte den großen Vorteil, daß auch in knappen Zeiten immer etwas zu essen vorhanden war, und ich half gerne in der Küche. Als ich später selbst zu kochen begann, waren dann Escoffier und Jean Paul Haeberlin meine Vorbilder, und noch etwas später wurde ich zu einem Mitbegründer der neuen deutschen Küche.

Ich muß sagen, daß mir Essen Freude bereitet, zum einen beim Genießen der Speisen, aber auch schon beim Zubereiten derselben. Ich glaube, daß viele große Köche nicht nur Künstler sind, sondern aus dem Bauch heraus kochen – ein Gericht sollte nicht nur gut aussehen, es muß in erster Linie schmecken.

Natürlich sind meine Rezepte auch nur Anhaltspunkte und müssen nicht in allen Punkten genau befolgt werden. Das merken Sie schon an den Angaben für die Zutaten, bei manchen lasse ich viel Spielraum und gebe nur andeutungsweise Anweisungen für Gemüse oder Beilagen. Verschiedene Zutaten sind manchmal auch unwirtschaftlich für eine Privatküche oder gerade nicht erhältlich. Dann müssen Sie das Rezpt entsprechend der Situation etwas modifizieren. Wichtig ist, daß man beim Kochen ein Gefühl für die einzelnen Zutaten und Speisen bekommt, und das gelingt natürlich nur durch Übung.

Große Küche ist keine Schlankheitsküche, bei mir sollen die Gäste auch etwas auf dem Teller haben. Selbstverständlich sind bestmögliche Ausgangsprodukte die Grundvoraussetzung für ein gutes Ergebnis, und deshalb ist es wichtig, gute Quellen zu finden. Dies gilt ganz besonders bei Fisch, und umso mehr im Binnenland. Guten Fisch im anonymen Supermarkt zu kaufen ist zwar manchmal möglich, aber von so vielen Zufällen abhängig, daß man sich nicht darauf verlassen kann. Am besten ist es, ein persönliches Verhältnis zu seinem Fischhändler zu haben Es wäre schade, wenn gerade bei einem aufwendigen Gericht – und manche meiner Rezepte sind etwas komplexer – das Ergebnis nur durch die mangelnde Güte der Zutaten beeinträchtigt wird. Ich prüfe grundsätzlich immer alles selbst, was in meiner Küche hergestellt wird, und nur höchste Qualität passiert diese Kontrolle.

Ein Koch muß nicht nur kreativ, sondern auch selbstbewußt sein. Sie werden merken, daß ich manchmal ungewöhnliche Kombinationen vorschlage, und auch, daß ich von der italienischen Küche begeistert bin. Gerne verwende ich Kräutermischungen aus Petersilie und Kerbel mit Estragon oder Dill.

Selbständig zu sein und meine Kreativität auszuleben war schon immer mein Ziel. So ist Sylt ein optimaler Standort für mich, obwohl ich aus Baden bin. Die Nähe des Meeres und die Ursprünglichkeit der Elemente werden Sie hoffentlich in meinen Fischrezepten empfinden.

Mein langjähriger Chef de service und Sommelier Karl Wallner hat zu jedem Gericht eine Weinempfehlung gegeben, ihm sei hier nochmals gedankt. Und nun viel Spaß beim Kochen und Genießen!

Jörg Müller

FISCHSUPPE

GEFÜLLTE ZUCCHINIBLÜTEN

Vorbereitung 45 Min.
Ruhezeit 2 Std.
Garzeit 10 Min.
50 g Lachs
50 g Seeteufel
4 Zucchiniblüten
1/2 Stange Lauch
10 g Staudensellerie
1 Tomate
20 g frische Herbst-trompeten
200 g Hagebutten
3 Blatt Gelatine
200 ml klarer Fischfond
2 EL trockener Grau-burgunder
1 TL Balsamessig
2 EL Traubenkernöl
1 g Safran
1 EL Kräuter (Basilikum, Thymian, Kerbel)
etwas Zucker
Salz, Pfeffer

Den Lachs und den Seeteufel in kleine Würfel (0,5 cm Kantenlänge) schneiden. Den Fischfond mit dem Safran aufkochen und den Fisch darin 1 Min. garen. Sofort herausnehmen und in eine Schüssel geben.
Lauch und Sellerie waschen, in dünne Scheiben schneiden, im Fond garen. Die Tomate enthäuten, entkernen und in Würfel schneiden. Gegartes Gemüse, Tomaten und die grob geschnittenen frischen Kräuter sowie die grob gehackten, rohen Herbsttrompeten zum Fisch geben.
Die in kaltem Wasser eingeweichte Gelatine gut ausdrücken und in die restliche Fischbrühe geben. Wenn nötig, mit Salz und Pfeffer abschmecken. Die Brühe sollte warm sein und sehr würzig und leicht salzig schmecken. Das Gelee über den Fisch gießen, verrühren.
Die gewaschenen Zucchiniblüten senkrecht in ein kleines Förmchen stellen und mit der Masse füllen. Vor dem Servieren 2 Std. kühlen.
Für die Hagebuttensauce die Hagebutten putzen, in kochendem Wasser einige Min. garen und durch ein Sieb streichen. Mit dem Wein, Essig und Öl verfeinern, abschmecken, evtl. eine Prise Zucker zugeben.
Die Blüte in 3 – 4 Scheiben schneiden, fächerförmig auf den Teller legen. Die Sauce daneben auf den Teller geben und mit etwas Salat garnieren. C.B.

Weinempfehlung: Reife (2 – 3 Jahre alte) Maconnais-Weine, Riesling, vorausgesetzt sie sind dezent im Bukett. Keine Weine mit Schieferton oder anderen extrem vordrängenden Bodenarten.

Avocadofächer mit Nordseekrabben

Die Avocados halbieren, aus der Schale nehmen, in Fächer schneiden und mit Zitronensaft beträufeln. Kirschtomaten waschen und halbieren. Die Avocadofächer auf flachen Tellern ausbreiten, darauf die Kirschtomaten legen und mit Salz und Pfeffer würzen.
Für die Kräutermarinade Schnittlauch klein schneiden, Petersilie und Zwiebeln feinhakken und mit Balsamessig, Wasser, Sherryessig und Olivenöl verrühren. Mit Salz, Pfeffer und einer Prise Zucker abschmecken.
Die Krabben auf den vorbereiteten Teller verteilen und die Kräutermarinade darübergeben. J.M.

Weinempfehlung: Ein trockener Riesling Kabinett von der Mosel oder vom Rhein.

Vorbereitung 30 Min.
300 g Nordseekrabben
2 Avocados
20 Kirschtomaten
1/2 Zitrone
2 kl. rote Zwiebeln
3 EL Balsamessig
1 EL Wasser
2 EL Sherryessig
4 EL Olivenöl
1 kl. Bund Schnittlauch
1 EL gehackte Petersilie
etwas Zucker
Salz, Pfeffer

Feines aus dem Fischernetz

Die Krebse und den Hummer mit dem Bouquet garni in kochendes Wasser geben, die Krebse ca. 5 Min., den Hummer 10 Min. kochen. Aus dem Wasser nehmen und aus der Schale lösen. Den Kochfond beiseite stellen. Den Seeteufel in vier Medaillons, Lachs und Steinbutt in vier gleich große Streifen schneiden.
Karotten und Sellerie in je 24 ca. 3 mm dicke Rauten schneiden. Die Kaiserschoten ebenfalls in Rauten schneiden. Die Gemüserauten separat in Salzwasser garen. Die geputzten Artischockenböden in Salzwasser mit etwas Butter und Zitrone kochen, halbieren und in gleichmäßige, schmale Streifen schneiden. Die verschiedenen Gemüse nebeneinander auf den vorgewärmten Tellern rosettenförmig anrichten.
Für die Beurre blanc die feingehackten Schalotten mit dem Weißwein langsam auf ein Drittel reduzieren, passieren. Die handwarme Butter nach und nach darunter rühren. Dabei darf die Sauce keinesfalls mehr kochen. Auf kleiner Flamme warmhalten.
Währenddessen Steinbutt, Lachs und Seeteufel kurz in Butter anbraten, würzen und mit dem portionierten, lauwarmen Hummer und den Krebsen auf dem Gemüse anrichten. Die Beurre blanc mit 1 EL Kochfond verdünnen und mit dem Senf schaumig rühren. Den Fisch reichlich damit überziehen. C.B.

Weinempfehlung: Dieses aufwendige Gericht verlangt nach großen Weinen. Alle weißen Weine aus der Burgunderfamilie, gute Rieslingweine mittlerer Jahre, aber auch Barriqueweine der Burgundersorten.

Vorbereitung 45 Min.
Garzeit 15 Min.
8 Flußkrebse
1 Hummer (750 g)
150 g Seeteufelfilet
150 g Lachsfilet
150 g Steinbuttfilet
2 Karotten
1 Sellerieknolle
16 Kaiserschoten
2 ganze Artischockenböden
1 Bouquet garni
etwas Butter
Zitronensaft
1 EL Meaux-Senf
Salz, Pfeffer
Für die Beurre blanc
2 kl. Schalotten
80 ml trockener Weißwein
80 g Butter

Sylter Austern mit rotem Zwiebelconfit und Beurre blanc

Vorbereitung 30 Min.
Garzeit 25 Min.
20 Austern
1 Stange Lauch
250 g rote Zwiebeln
120 g kalte Butter
1 EL Crème fraîche
250 ml Rotwein
100 ml roter Portwein
100 ml Hühnerbrühe
50 ml Fischfond
100 ml Champagner
Salz, Pfeffer

Die Zwiebeln schälen, halbieren, in Streifen schneiden und in der Hälfte der Butter glasig anschwitzen. Mit Rotwein und Port ablöschen, mit Salz und Pfeffer leicht würzen. Zwiebeln so lange dämpfen, bis die Flüssigkeit sirupartig eingekocht ist.

Den Lauch waschen, den grünen Teil schräg in große, längliche Scheiben schneiden und auf eine gebutterte, feuerfeste Platte legen; mit etwas Hühnerbrühe angießen und abgedeckt im Ofen garen.

Austern aus der Schale lösen, den Bart entfernen. Die Austern im eigenen Saft mit dem Fischfond und Champagner pochieren, herausnehmen. Den Sud mit Crème fraîche auf die Hälfte reduzieren, mit der restlichen Butter, die kalt sein sollte, montieren und abschmecken. In der Regel muß kein Salz zugegeben werden.

Die Austern auf dem gedünsteten Lauch anrichten, mit der Sauce überziehen und mit dem Zwiebelmus garnieren. J.M.

Weinempfehlung: Badischen Weißburgunder Tafelwein von Karl H. Johner.

DER AUSFLUG DER FISCHKÖCHE

GUTE NACHT!

Lauwarmer Atlantikrochen auf Tomaten

Vorbereitung 30 Min.
Garzeit 5 Min.
440 g Rochenfleisch ohne Gräten
4 Fleischtomaten
1 Schalotte
1 Knoblauchzehe
20 g Butter
40 ml Olivenöl
10 ml Balsamessig
etwas Thymian
8 Blätter Basilikum
Salz, Pfeffer

Den Rochen entsprechend der Faserung in dünne Streifen zerlegen. In einer Pfanne die Butter leicht erhitzen, die Rochenstreifen kurz darin anbraten, mit Salz und Pfeffer würzen und sofort herausnehmen.

Die Tomaten enthäuten, entkernen und würfeln. In derselben Pfanne die feingehackte Schalotte anschwitzen, die in dünne Scheiben geschnittene Knoblauchzehe und die Tomatenwürfel dazugeben. Salzen und pfeffern, 2 Min. kochen. Thymian und die Hälfte des in feine Streifen geschnittenen Basilikums unterrühren.

Aus dem Essig und Öl ein Dressing bereiten, leicht erwärmen, mit Salz und Pfeffer abschmecken. Den Tellerboden mit dem Tomatenpüree bedecken, die Rochenstücke fächerförmig darauf legen und mit dem Dressing beträufeln. Das restliche Basilikum darüberstreuen. C.B.

Weinempfehlung: Alle weißen Burgunder, mittlere Jahrgänge von Grauburgunder, auch Barriqueweine.

Rauchaal-Sülze

Für 12 – 14 Portionen
Vorbereitung 45 Min.
Ruhezeit min. 12 Std.
Garzeit 30 Min.
1 Rauchaal (400 g)
12 Scheiben geräucherter Lachs
10 grüne Spargel
5 Eiweiß
12 Blatt Gelatine
1 l Fischfond
125 ml geschlagene Sahne
Safranfäden
1 kl. Bund Dill
Salz, Pfeffer

Den Aal wie im Anhang beschrieben abziehen, filieren und die Fettschicht von den Filets abschaben. Die Filets auf die Länge der Form zuschneiden und beiseite stellen.
In einer Kasserolle die Aalkarkassen mit dem Fischfond ansetzen und ca. 30 Min. auf kleiner Flamme ziehen lassen, dabei nicht kochen. Passieren, abkühlen und mit dem Eiweiß klären. Für die Mousse 125 ml vom Fond beiseite stellen.
10 Blatt Gelatine in kaltem Wasser einweichen, ausdrücken und in den warmen Fond rühren. Einige Safranfäden dazugeben und abkühlen lassen. Der Fond soll noch nicht gelieren.
Für die beiden Lachsrollen aus dem beiseite gestellten Fond eine Mousse herstellen. Dazu 2 Blatt Gelatine in kaltem Wasser einweichen, ausdrücken und in den warmen Fond rühren. Abkühlen lassen, kurz vor dem Anziehen die geschlagene Sahne unterrühren.
Je 3 Scheiben Lachs auf Folie legen und 3 mm dick mit der leicht angezogenen Mousse bestreichen. Zu zwei Rollen von 2 – 3 cm Durchmesser aufrollen, fest mit der Folie einwickeln und kalt stellen. Die Rollen sollen der Länge der Form entsprechen.
Den Spargel auf Formlänge schneiden und blanchieren. Nun die Form etwa 3 mm hoch mit Gelee ausgießen und anziehen lassen, die beiden Aalfilets der Länge nach in die Form legen und mit Gelee auffüllen, bis der Aal knapp bedeckt ist. Das Gelee anziehen lassen. Mit 3 Scheiben Lachs die Form bedekken, wieder mit Gelee knapp übergießen, anziehen lassen. Als nächste Schicht die kalten Lachsröllchen nebeneinander in die Form legen, so daß sie sich nicht berühren. Feingehackten Dill in die Form streuen, knapp mit Gelee bedecken, anziehen lassen.

Den restlichen Lachs nebeneinander in die Form legen und knapp mit Gelee bedecken, anziehen lassen. Zum Schluß je 5 Stangen Spargel nebeneinander der Länge nach in die Form legen und mit dem restlichen Gelee auffüllen. Über Nacht kalt stellen.
Zum Servieren in etwa 1,5 cm dicke Scheiben schneiden, mit Kaviar-Sahne-Vinaigrette, Eiskraut, Passe-Pierre-Algen, Frisèe oder Radicchio garnieren. J.M.

Weinempfehlung: Badischer Gutedel trokken oder halbtrocken vom Weingut Hermann Dörflinger.

Meeresfrüchte mit Rotweinvinaigrette

Meeresfrüchte nach Wahl,
z.B. 16 Austern, 8 Jakobsmuscheln, 8 – 12 Sandmuscheln, 8 – 12 Miesmuscheln, 2 Hummer,
8 Langustinen
1 Zitrone
Für die Vinaigrette
4 Schalotten
125 ml Rotwein
1 TL Sherryessig
Salz, Pfeffer

Je nach Auswahl werden die Meeresfrüchte roh oder gegart serviert. Dabei sind die unterschiedlichen Garzeiten zu beachten, Hummer und Langusten benötigen 8 – 10 Min., Langustinen und Sandmuscheln 3 – 5 Min., Meeresschnecken 10 – 20 Min., Taschenkrebse 15 – 20 Min.
Die Meeresfrüchte auf einer Platte mit zerstoßenem Eis anrichten und mit Zitronenscheiben garnieren.
Die Vinaigrette wird ohne Öl zubereitet. Den Rotwein mit dem Essig verrühren und mit Salz und Pfeffer abschmecken. Die fein gehackten Schalotten zugeben, und zu den Meeresfrüchten servieren. C.B.

Weinempfehlung: Die üblichen Austernweine, vom Silvaner bis zu mittleren Jahrgängen der Burgunderfamilie, aber auch Loireweine wie Muscadet, weniger die bukettreichen Sancerre.

... UND WER BEKOMMT DIE MEERESFRÜCHTE-PLATTE ?

Fisch
Karte

Pochierte Austern auf Wurzelgemüsesalat

Das Gemüse putzen, die Fäden der Selleriestangen ziehen. Karotten und Zucchini in ca. 2 mm dicke Scheibchen schneiden. Den Lauch in Ringe, den Sellerie in längliche Scheibchen schneiden. Jedes Gemüse separat blanchieren und in Eiswasser abschrekken.
Die Austern öffnen und das Fleisch vorsichtig aus den Schalen lösen. In einer Kasserolle die entbarteten Austern zusammen mit dem Austernsaft und dem Weißwein kurz erhitzen.
Währenddessen die blanchierten Gemüse in eine Kasserolle geben, etwas Austernfond, Sherryessig und Olivenöl zugeben und gut erwärmen.
Für die Kaviarsahne die Crème fraîche mit der flüssigen Sahne und einem Spritzer Sherryessig mischen, mit Salz abschmecken. Den Kaviar zum Schluß unterrühren.
Das Gemüse auf leicht vorgewärmten Tellern anrichten und mit den Salatblättern garnieren. Die noch warmen Austern auf dem Salat verteilen und mit der Kaviarsahne überziehen. J.M.

Weinempfehlung: Blankenhornsberger Weißburgunder Kabinett, trocken.

Vorbereitung 1 Std.
Garzeit 10 Min.
20 Austern
2 mittelgr. Karotten
1 mittelgr. Zucchini
1 kl. Stange Lauch
2 Stangen Sellerie
100 ml Weißwein
2 EL Sherryessig
3 El Olivenöl
Salate der Saison
Salz, Pfeffer

Für die Kaviarsahne
2 EL Crème fraîche
60 ml flüssige Sahne
1 Spritzer Sherryessig
1 EL Kaviar

Bretonischer Hummer mit Topinambur-Mousse und lauwarmer Trüffelvinaigrette

Für die Topinambur-Mousse zunächst ca. 150 g Topinambur schälen, kleinschneiden und weichkochen. Abschütten und pürieren. Es werden 100 g Püree benötigt. Die Gelatine in kaltem Wasser einweichen, ausdrücken und im heißen Topinamburpüree auflösen. Etwas abkühlen lassen. Die geschlagene Sahne unterheben und mit Salz, Pfeffer und Muskat abschmecken. In 4 Förmchen verteilen und 4 Std. kalt stellen.
Die Hummer in kochendem Salzwasser mit dem Bouquet garni 8 – 10 Min. garen. Das Schwanz- und Scherenfleisch vom Panzer lösen.
Die Karotte und Topinambur in gleichmäßige rechteckige Scheiben schneiden, garen und beiseite stellen. Die Länge der Rechtecke richtet sich nach der Höhe der verwendeten Förmchen.
Für das Dressing den fertig gekauften Trüffelfond mit Balsamessig, Olivenöl sowie Salz und Pfeffer verrühren, leicht erhitzen.
Die Topinambur-Mousse auf die Teller stürzen und die Seiten mit den vorbereiteten Gemüserechtecken abwechselnd bedecken. Mit etwas Salat garnieren. Die halbierten Hummerschwänze, Scheren und das restliche Hummerfleisch darüberlegen, mit dem lauwarmen Trüffeldressing reichlich beträufeln.
C.B.

Weinempfehlung: Ein kräftiger, nicht allzu reifer Grauburgunder oder Weißburgunder eines guten Jahrgangs. Durchgegorene Spätlesen mit einer reifen, aber schmeckbaren Säure bringen das Potential für die erforderliche geschmackliche Begleitung dieses köstlichen Gerichtes.

Vorbereitung 45 Min.
Ruhezeit 4 Std.
Garzeit 10 Min.
2 Hummer (à 400 – 500 g)
300 g Topinambur
1 Bouquet garni
1 Karotte
1 Blatt Gelatine
30 g geschlagene Sahne
60 ml Trüffelfond
etwas Balsamessig
2 EL Olivenöl
Muskat
etwas Salat der Saison
Salz, Pfeffer

GANZ IM GEHEIMEN SCHWÄRMT
DER KOCH FÜR
DIE ZUTRAULICHEN FISCHSTÄBCHEN.

Flusskrebs-Salat auf wildem Spargel

Vorbereitung 30 Min.
Garzeit 45 Min.
32 Krebse
48 Stangen wilder Spargel
50 g Keniabohnen
1 Tomate
4 Scheiben Trüffel
1 Schalotte
1 Knoblauchzehe
1 kl. Bouquet garni
2 TL Tomatenmark
Olivenöl
125 ml Weißwein
125 ml Fischfond
8 EL flüssige Sahne
Balsamessig
10 g Butter
Kerbel
Salz, Pfeffer

Die Flußkrebse in gesalzenem, kochendem Wasser 5 Min. garen, herausnehmen, leicht abkühlen lassen. Schwanz und Scheren vom Körper trennen. Das Schwanzfleisch vorsichtig aus dem Panzer lösen und den Darm entfernen. Das Scherenfleisch ebenfalls herauslösen.
Für die Sauce die Krebspanzer bis auf vier Stück in einer Schüssel zerkleinern und in heißem Olivenöl kurz anbraten. Das Bouquet garni, den Knoblauch und das Tomatenmark zugeben und mitschwitzen. Mit Weißwein und Fischfond ablöschen, ca. 20 – 30 Min. kochen, dann passieren und mit der Sahne auffüllen. Ca. 5 – 10 Min. zu einer leicht cremigen Sauce weiterkochen lassen, mit Salz und Pfeffer abschmecken.
Für die Garnitur Spargel und Keniabohnen währenddessen separat in leicht gesalzenem Wasser garen. Den Spargel kreisförmig auf den Tellern anrichten. Die Bohnen mit Olivenöl, Balsamessig, der gehackten Schalotte, Salz und Pfeffer anmachen. In der Tellermitte nestförmig anrichten.
Die Krebsschwänze in zerlassener Butter schwenken, mit Salz und Pfeffer würzen und auf dem Bohnennest kreisförmig anrichten. Die Tomaten enthäuten, entkernen und würfeln. Die Würfelchen in die Mitte der Krebsrosette legen. Den Salat reichlich mit der lauwarmen Sauce überziehen.
Die Trüffelscheiben in feine Streifen schneiden und jeden Krebsschwanz damit garnieren. Die Scheren zwischen dem Spargel verteilen. Mit den beiseite gelegten Krebsen und gezupftem Kerbel garnieren. C.B.

Weinempfehlung: Ein charmanter Silvaner, ein runder Gutedel oder ein frischer Weißburgunder empfehlen sich, auch im Blick auf die folgenden Gerichte.

JUNGER MATJES AUF DREI ARTEN

Vorbereitung 30 Min.
Garzeit 10 Min.
10 Matjesfilets
150 g Bauchspeck
150 g Keniaböhnchen
1/2 Delicious-Apfel
4 Radieschen
1/2 Essiggurke
1 kl. Schalotte
50 g Walnüsse
Butter
2 EL geschlagene Sahne
1 EL Sherryessig
2 EL Sonnenblumenöl
Tafelöl
Vollkornbrot
6 EL Mayonnaise
1 EL Mango Chutney
1 TL Currypulver
1 kl. Bund Schnittlauch
Salate der Saison
Salz, Pfeffer

Die Matjesfilets mit Küchenkrepp abtrocknen, 2 Filets würfeln (3 – 4 mm Kantenlänge), 4 Filets in 1 cm breite Streifen, 4 Filets in 3 – 4 cm breite Stücke schneiden.
Für die *Matjes in Speckstippe* den Speck klein würfeln und in Öl kroß braten. Die Bohnen blanchieren. Aus dem Essig und Öl eine Marinade rühren, mit Salz und Pfeffer abschmecken. Die Bohnen darin lauwarm anmachen.
Die Bohnen auf dem Teller anrichten, die Matjesstreifen darüber legen, mit den Speckwürfeln bestreuen.
Für das *Matjestatar auf Friesenbrot* den Apfel schälen und das Kernhaus entfernen. Radieschen und Schnittlauch waschen. Apfel, Gurke und Radieschen in Würfelchen (3 – 4 mm Kantenlänge) schneiden und mit dem feingeschnittenen Schnittlauch und den Matjeswürfeln in einer Glasschüssel vermischen.
Das Vollkornbrot mit einem Ausstecher in der gewünschten Form ausstechen, mit Butter und mit dem Matjestatar dick bestreichen. Die Schalotte schälen, in dünne Ringe schneiden und über das Brot geben.
Für die *Matjes mit Curry-Sahne* die Walnüsse hacken, mit Mango Chutney, geschlagener Sahne und Mayonnaise vermengen und mit Currypulver abschmecken. Über die Matjesstücke geben. J.M.

Weinempfehlung: Dazu paßt ein kühles Bier wirklich am besten! Wenn Wein, dann Bacchus, Rieslaner oder Silvaner trocken, jeweils 2 – 3 Jahre alt, aus Franken.

ROLLMOPSENDE JUNGHERINGE

Rotbarschfilet mit Sardellenpüree

Die Sardellen filieren, enthäuten, mit dem Knoblauch und 1 TL Olivenöl in einem Mörser pürieren und durch ein Sieb streichen. Mit Salz und Pfeffer abschmecken.
Die entgräteten, nicht enthäuteten Rotbarschfilets würzen und im restlichen Olivenöl beidseitig kurz braten. Die geschälte, kleingewürfelte Paprikaschote zugeben. Die Filets müssen beim Braten im Kern noch roh bleiben.
Mit der Hautseite nach oben anrichten, mit den Paprikawürfeln und dem Basilikum garnieren. Das Sardellenpüree auf den Filets verteilen. C.B.

Weinempfehlung: Ein kräftiger, milder, aber nicht süßer Wein aus der Burgunderfamilie.

Vorbereitung 30 Min.
Garzeit 5 Min.
4 Rotbarschfilets (à 80 – 100 g)
2 Sardellen
1 kl. Paprikaschote
1 kl. Knoblauchzehe
2 EL Olivenöl
4 Blatt Basilikum
Salz, Pfeffer

Jakobsmuscheln auf Blattspinat Périgeux

Den Spinat putzen und blanchieren. Die fein gehackte Schalotte in der Hälfte der Butter glasig schwitzen, den abgetropften, gewürzten Spinat dazugeben und kurz anschwenken. Währenddessen die Jakobsmuscheln halbieren, mit Salz und Pfeffer würzen, in Mehl wenden und in der restlichen Butter ca. 2 Min. auf beiden Seiten anbraten.
Aus dem Spinat in der Mitte der vorgewärmten Teller ein Bett legen, die Muscheln darauf anrichten, mit der heißen Trüffelsauce reichlich überziehen. C.B.

Weinempfehlung: Ein reifer, runder, nicht säurebetonter, jedoch vollmundiger Weißwein.

Vorbereitung 30 Min.
Garzeit 10 Min.
16 Jakobsmuscheln
300 g frischer Blattspinat
1 kl. Schalotte
Mehl
50 g Butter
200 ml Trüffelsauce (siehe Anhang)
Salz, Pfeffer

Bulotschnecken in leichter Knoblauch-Petersiliensauce

Vorbereitung 45 Min.
Garzeit 25 Min.

- 20 – 24 Bulotschnecken
- 6 Tomaten
- 1 Schalotte
- 100 g Knoblauch
- 1 kl. Bouquet garni
- 1 EL Olivenöl
- 1/2 EL Butter
- 1 EL Sahne
- Petersilie
- 1 Lorbeerblatt
- Thymian
- Salz, Pfeffer

Die Schnecken sauber waschen, mit dem Bouquet garni im kochenden Wasser 10 – 20 Min. garen, beiseite stellen.
Für die Knoblauchsauce den Knoblauch schälen und mit etwas Salz garkochen. Dabei muß das Wasser einigemal gewechselt werden. Den gegarten Knoblauch durch ein Sieb streichen. Mit etwas Butter und Sahne zu einer dickflüssigen Sauce verrühren, mit Salz und Pfeffer abschmecken.
Für die Petersiliensauce die Petersilie in wenig Wasser und Butter ca. 10 Min. kochen. Aus dem Sud nehmen, im Mixer pürieren und durch ein Sieb streichen. Mit etwas Butter und Sahne ebenfalls zu einer dickflüssigen Sauce verarbeiten, mit Salz und Pfeffer abschmekken. Beide Saucen sollten dieselbe Konsistenz besitzen.
Die Tomaten enthäuten, entkernen und würfeln. Die feingehackte Schalotte in Olivenöl glasig schwitzen, die Tomaten, Thymian und Lorbeerblatt zugeben und ca. 10 Min. kochen. Mit Salz und Pfeffer abschmecken.
Die Schnecken aus dem Gehäuse nehmen und den Darm abtrennen. In einer leicht gebutterten Pfanne kurz anschwenken, würzen, mit feingehackter Petersilie bestreuen.
Die Tomaten kreisförmig in der Tellermitte anrichten, den Tellerboden mit Knoblauchsauce bedecken. Die Petersiliensauce tupfenweise auf die Knoblauchsauce geben und mit einer Messerspitze durchziehen. Die Schnekken auf den Tomaten anrichten. C.B.

Weinempfehlung: Je nach Menge des verwendeten Knoblauchpürees entweder kräftige Weine aus der Burgunderfamilie, auch Barriqueausbau; bei dezenter Knoblauchverwendung leichtere durchgegorene Weine.

Gratinierte Austern Pleine Mer auf Lauch

Vorbereitung 30 Min.
Garzeit 15 Min.
24 Austern
1 – 2 Stangen Lauch
15 g Butter
2 Eigelb
200 ml Fischfond
40 ml Noilly Prat
125 ml trockener Weißwein
125 ml Sahne
etwas Sherryessig
Salz, Pfeffer

Den Fischfond mit Noilly Prat zu einem dickflüssigen Fond reduzieren. Die Austern öffnen und aus der Schale lösen, in einer Kasserolle mit dem eigenen Saft und dem Wein kurz anwärmen, jedoch nicht kochen lassen. Herausnehmen und den Sud passieren. Davon 40 ml zu dem eben hergestellten Fond geben und diesen nun nochmals kurz aufkochen.

Den Lauch in feine Streifen schneiden, in Butter dämpfen, würzen und in die gut gesäuberten und gewaschenen Austernschalen verteilen. Die kurz gegarten Austern darauf legen.

Das Eigelb mit der geschlagenen Sahne vermischen und unter die Reduktion heben. Mit Salz, Pfeffer und einigen Tropfen Sherryessig abschmecken, nun kurz erwärmen, aber nicht kochen. Die Austern mit der Sauce überziehen und sofort unter dem heißen Grill ganz kurz (höchstens 1 Min.) gratinieren. C.B.

Weinempfehlung: Keinesfalls einen der üblichen Austernweine, sondern vielleicht den Wein des darauf folgenden Fischgangs. Ansonsten paßt ein reifer, jedoch nicht zu alter Weißer aus der Burgunderfamilie gut.

Steinbuttsteak auf Lauch-Safran-Gemüse

Vorbereitung 30 Min.
Garzeit 15 Min.
4 Steinbuttsteaks (à 130 – 150 g)
2 Stangen Lauch
3 Schalotten
1 gr. Tomate
150 g Champignons
5 g getr. Herbsttrompeten
80 g geklärte Butter
etwas Mehlbutter
100 ml flüssige Sahne
100 ml Fischfond
40 ml trockener Weißwein
20 ml Noilly Prat
etwas Schnittlauch
2 g Safran
Salz, Pfeffer

Die getrockneten Herbsttrompeten zunächst 30 Min. einweichen, anschließend weich kochen.
Währenddessen den Lauch längs teilen, säubern und in 3 – 4 mm dicke Scheiben schneiden. Zusammen mit zwei feingehackten Schalotten in etwas geklärter Butter andünsten. Safran, Salz und Pfeffer zugeben und ca. 5 Min. dämpfen.
Für die Sauce die Tomate enthäuten, entkernen und in Würfel schneiden. Die Champignons säubern und in 3 mm breite Streifen schneiden. Die dritte Schalotte fein hacken und in etwas geklärter Butter anschwitzen, Pilzstreifen und Tomatenwürfel zugeben. Mit dem Weißwein ablöschen, etwas kochen lassen. Fischfond, Sahne und Noilly Prat zugeben und ca. 10 Min. leise köcheln. Wenn nötig, die Sauce mit Mehlbutter binden.
Die gewürzten Steinbuttsteaks in einer vorgewärmten Pfanne in der restlichen Butter leicht goldbraun braten.
Auf vorgewärmten Tellern aus dem Lauch ein Bett anrichten, die Steaks darauf legen und reichlich mit Sauce überziehen. Mit den kleingehackten Herbsttrompeten und fein geschnittenem Schnittlauch bestreuen. C.B.

Weinempfehlung: Ein kräftiger, klassisch ausgebauter Grauburgunder.

STEINBUTT

Zander-Weisswürstchen im Safran-Wurzelsud

Das enthäutete Zanderfilet entgräten und in kleine Würfel schneiden, mit 1/2 TL Salz und Eiweiß mischen und für ca. 30 Min. in das Gefrierfach stellen.
Karotten, Lauch, Sellerie und Zucchini sehr klein (1 – 2 mm Kantenlänge) würfeln und in Salzwasser kurz blanchieren, in kaltem Wasser abschrecken. Auf Küchenpapier gut abtropfen lassen.
Den leicht angefrosteten Zander unter Zugabe der Hälfte der gut gekühlten Sahne sehr fein pürieren. Die Masse durch ein Haarsieb streichen und auf Eis mit der restlichen Sahne montieren. Gehackte Petersilie und die Gemüsewürfelchen unter die Masse geben, mit etwas Pernod, Sherry, Pfeffer und evtl. etwas Salz abschmecken. Die Farce mit Hilfe eines Spritzbeutels in den Darm füllen. Zu 10 cm langen Würstchen abdrehen und in ca. 80° heißem Salzwasser 4 – 5 Min. garen.
Für den Sud Karotten, Fenchel, Sellerie und Zucchini waschen, in Ringe, Streifen bzw. Scheiben schneiden und alles blanchieren. Fischfond und Weißwein erhitzen, mit Safran, Noilly Prat, Sherry, Pernod sowie Salz und Pfeffer abschmecken. Das blanchierte Gemüse in den Sud geben und die Würstchen darin servieren. J.M.

Weinempfehlung: Badische Traminer oder Gewürztraminer aus dem Elsaß, z.B. Cuvée Tradition von Hugel.

Vorbereitung 1 Std.
Garzeit 5 Min.
300 g frisches Zanderfilet
20 g Karotten
20 g Lauch
20 g Staudensellerie
20 g Zucchini
2 Eiweiß
250 ml Sahne
1 Spritzer Pernod
1 Spritzer Sherry
1 m Lammdarm (vom Schlachter)
1 EL gehackte Petersilie
Salz, Pfeffer
Für den Sud
150 g Karotten
150 g Fenchelknolle
150 g Staudensellerie
150 g Zucchini
700 ml Fischfond
100 ml trockener Weißwein
1 g Safranfäden
40 ml Noilly Prat
20 ml trockener Sherry
1 Spritzer Pernod
Salz, Pfeffer

Munkmarscher Muschelteigtaschen in Safransud

Vorbereitung 2 Std.
Garzeit 35 Min.
800 g Miesmuscheln
1 EL Lauchwürfelchen
1 EL Karottenwürfelchen
1 EL Staudensellerie-würfelchen
1 kl. Schalotte
50 g Butter
1 Eigelb
250 ml trockener Weiß-wein
1 Spritzer Sherry
1 kl. Prise Cayennepfeffer
2 Spritzer Pernod
ca. 300 g Nudelteig (siehe Anhang)
1 EL gehackte Petersilie
Salz, Pfeffer
Für den Safransud
300 ml Fischfond (siehe Anhang)
2 Eiweiß
Petersilienstiele
einige Eiswürfel
einige Safranfäden
1 Tropfen Tabasco
20 ml Noilly Prat
1 Stange Sellerie
1 kl. Stange Lauch
1 Karotte

Aus dem Zanderfleisch und der Sahne wie im Anhang beschrieben eine Farce herstellen. Währenddessen die Muscheln säubern und waschen. Die feingehackte Schalotte in einer Kasserolle in Butter anschwitzen, die Muscheln zugeben und mit Weißwein ablöschen. Abgedeckt ca. 30 Min. garen.
Die Muscheln herausnehmen, den Sud beiseite stellen und abkühlen lassen. Muscheln in kaltem Wasser abschrecken. Für die Garnitur 8 oder 12 schöne Muscheln beiseite legen. Die anderen Muscheln aus der Schale lösen, evtl. Bärte entfernen und das Fleisch in kleine Würfel schneiden. Kühl stellen.
Lauch, Karotte und Sellerie würfeln, in kochendem Salzwasser kurz garen, kalt abschrecken und abtrocknen. Muschelfleisch, Gemüsewürfel und gehackte Petersilie unter die Zanderfarce geben, diese mit etwas Cayennepfeffer, Pernod und Sherry abschmecken.
Für den Safransud den Fischfond zum kalten Muschelsud geben. Mit Eiweiß, Petersilienstielen und Eiswürfeln klären. Passieren und mit Safran, einem Tropfen Tabasco, etwas Noilly Prat sowie einem Spritzer Pernod abschmecken.
Lauch, Karotte und Sellerie waschen, schälen und in streichholzgroße Streifen schneiden. Die Gemüsestreifen in den Sud geben und kurz aufkochen.
Den Nudelteig in sehr dünne Bahnen ausrollen, darauf im Abstand von 8 cm kleine Farceportionen setzen. Eine zweite Teigbahn mit wasserverdünntem Eigelb bestreichen und damit die erste Teigbahn abdecken. Den Teig um die Häufchen andrücken, mit einem

Teigrad in kleine Taschen trennen und im kochenden Salzwasser 3 Min. garen. Die Teigtaschen herausnehmen und mit den beiseite gelegten Muscheln im heißen Safransud servieren. J.M.

Weinempfehlung: Ein halbtrockener 2–3jähriger Traminer aus Baden oder Franken.

Für die Farce
150 g Zanderfilet
1 Eiweiß
150 ml Sahne

Navarin aus Meeresfischen im Blätterteigtöpfchen

Vorbereitung 45 Min.
Garzeit 15 Min.
150 g Steinbuttfilet
150 g Seezungenfilet
4 Langustinen
8 kl. Champignons
2 Tomaten
1 gr. Karotte
1/4 Sellerieknolle
16 Saubohnen
16 – 20 Keniabohnen
20 ml Cognac
60 ml Hummerreduktion
(siehe Anhang)
60 ml flüssige Sahne
250 g Blätterteig
1 Eigelb
Kerbel
Salz, Pfeffer

Die Karotte und den Sellerie putzen und in je 12 Stifte schneiden, die Saubohnen aus der Hülse und der Schale pellen. Alles Gemüse separat in Salzwasser garen.

Den Cognac in einer Kasserolle etwas reduzieren, die Hummerreduktion und Sahne zugeben und nochmals auf zwei Drittel einkochen.

Währenddessen aus Blätterteig und dem wasserverdünnten Eigelb vier Pastetchen mit 6 cm Durchmesser backen, dazu die entsprechende Anzahl Deckel und Stiele. Die Stiele werden durch die durchlöcherte Seitenwand in die fertigen Pastetchen geschoben, bevor diese gefüllt werden.

Die Tomaten enthäuten, entkernen und würfeln. Die Steinbuttfilets würfeln, die Seezungenfilets in Streifen schneiden. Die Langustinenschwänze der Länge nach halbieren, Darm entfernen. Fische und Langustinen würzen, in die kochende Sauce geben, Pilze und die gewürfelten Tomaten zugeben und ca. 4 Min. garen. Vor dem Anrichten das vorgegarte Gemüse und grob gehackten Kerbel unterrühren und damit die heißen Pastetchen füllen. C.B.

Weinempfehlung: Ein reifer, großer Grauburgunder, auch aus dem Barrique. Auch ein besonders reifer Weißburgunder gleicher Ausbauart.

Lachs-Steinbutt-Carpaccio mit Kaviar-Sahne-Vinaigrette

Vorbereitung 30 Min.
Ruhezeit 8 Std.
250 g frisches Lachsfilet
250 g frisches Steinbuttfilet
2 EL Kaviar
8 Stangen grüner Spargel
100 g Crème fraîche
50 ml flüssige Sahne
1/2 TL Senf
4 EL Olivenöl
1 Spritzer Balsamessig
1 Limone
4 Blätter Basilikum
Blattsalate der Saison
Salz, Pfeffer

Die sauber parierten Fischfilets in ca. 3 mm dicke Scheiben schneiden, abwechselnd auf Alufolie schichten und zu einer Rolle von ca. 6 cm Durchmesser aufrollen. Mit der Alufolie umhüllen und für 8 Std. in das Gefrierfach legen. Kurz vor dem Anrichten die Folie entfernen und die Rolle (am besten mit einer Aufschnittmaschine) in hauchdünne Scheiben schneiden.

Für die Kaviarsahne aus der Hälfte der Crème fraîche, flüssiger Sahne und Senf eine kalte Sauce anrühren, mit einem Spritzer Balsamessig sowie Salz und Pfeffer abschmecken. Am Schluß ca. 20 g Kaviar unterheben.

Für die Marinade das Basilikum in feine Streifen schneiden, mit dem Limonensaft und Öl verrühren und mit Salz und Pfeffer abschmecken.

Zum Anrichten die gekühlten Teller salzen, die Carpaccioscheiben darauf auslegen, nochmals leicht salzen und mit der Marinade beträufeln. Mit Blattsalaten, Kaviarsahne, der restlichen Crème fraîche, Spargelspitzen und dem restlichen Kaviar garnieren. J.M.

Weinempfehlung: Junge, trockene Weißweine wie Weißburgunder oder Grauburgunder.

Cassoulet aus Kalbskopf und Jakobsmuscheln in Rieslingsauce

Vorbereitung 1 Std.
Garzeit 1 Std.
200 g Jakobsmuscheln
400 g Kalbskopfmaske
400 g Kalbszunge
100 g Karotten
100 g Knollensellerie
60 g Zucchini
40 g Lauch
1 kl. Zwiebel
1 Gemüsebündel (Karotte, Sellerie, Lauch)
250 ml Weißwein
1 TL Mehl
50 g Butter
500 ml Tafelöl
200 ml Sahne
100 ml Riesling
etwas Olivenöl
1 Lorbeerblatt
2 Nelken
Salz, Pfeffer

Die Zwiebel mit dem Lorbeer und den Nelken spicken. Kalbskopf und Zunge waschen, in leicht gesalzenem Wasser und Wein mit der gespickten Zwiebel und dem Gemüsebündel weich kochen. Fleisch herausnehmen, in ca. 1 cm große Würfel schneiden, abtrocknen und warm stellen.

Für die Sauce den Kochfond passieren und auf ca. 200 ml reduzieren. Mehl und Butter in einer Kasserolle anschwitzen, mit Sahne, Riesling und Kochfond ablöschen, glattrühren und einige Minuten kochen lassen.

Je 60 g Karotten, Sellerie und Zucchini zu Perlen oder Rauten schneiden, in Salzwasser blanchieren und kalt abschrecken. Je 40 g Karotten, Lauch und Sellerie zu streichholzgroßen Streifen schneiden, nacheinander in heißem Öl kroß fritieren, anschließend auf Küchenkrepp legen.

Die Jakobsmuscheln in 0,5 cm dicke Scheiben schneiden, würzen und in etwas Olivenöl kurz anbraten. Die Fleischwürfel, Gemüseperlen und Jakobsmuscheln in die Sauce geben, abschmecken, auf tiefe Teller verteilen und mit den fritierten Gemüsestreifen garnieren.

J.M.

Weinempfehlung: Ein 3–4jähriger Rheingauer Riesling mit minimaler Restsüße, z.B. Riesling Spätlese, Charta von Robert Weil.

DIE FRESSWUT DES DESPOTEN ZWANG
DEN HOFKOCH ZUM ATTENTAT.

MEERESFRÜCHTE-LASAGNE

Tomaten häuten, entkernen und in kleine Würfel schneiden. Die feingehackte Schalotte und Knoblauch in Olivenöl anschwitzen, die Tomatenwürfel zugeben, mit Salz, Pfeffer, einer Prise Zucker, Thymian und Lorbeerblatt würzen und auf ein Drittel zu Tomatencoulis reduzieren.
Währenddessen den Spinat blanchieren, in Eiswasser abschrecken, ausdrücken, würzen und in Butter anschwenken.
Den Nudelteig dünn ausrollen, in ca. 8 x 10 cm große Stücke schneiden und 1 Min. in kochendem Wasser blanchieren. Kalt abschrecken und auf ein Tuch legen. Eine kleine feuerfeste Form ausbuttern und den Boden mit Teigstücken belegen. Den blanchierten Spinat darauflegen und mit den gewürzten Steinbuttscheiben belegen. Die Lücken und Ränder mit Krabben ausfüllen, etwas Tomatencoulis darübergeben und mit einer weiteren Schicht Teig belegen. Darauf die gewürzten Lachsscheiben und die Jakobsmuscheln verteilen. Etwas Fischsauce darüberträufeln und mit einer letzten Schicht Nudeln belegen.
Die restliche Fischsauce mit Crème fraîche und Weißwein verkochen, mit etwas Butter montieren und mit geschlagener Sahne verfeinern. Die Lasagne mit etwa einem Drittel der Sauce überziehen und im Backofen bei 180° ca. 15 Min. garen. Den Rest der Sauce zur Lasagne servieren. J.M.

Weinempfehlung: Ein trockener, reifer Riesling vom Rhein, z.B. Riesling Spätlese rosasilber vom Schloß Vollrads, 5 – 7 Jahre alt.

Vorbereitung 30 Min.
Garzeit 30 Min.
200 g Steinbutt
100 g Krabben
250 g Lachs
200 g Jakobsmuscheln
500 g Fleischtomaten
500 g Spinat
1 kl. Schalotte
1 Knoblauchzehe
2 EL Olivenöl
80 g Butter
2 El Crème fraîche
1 El geschlagene Sahne
200 ml Fischgrundsauce (siehe Anhang)
100 ml trockener Weißwein
350 g Nudelteig (siehe Anhang)
2 Thymianzweige
1 Lorbeerblatt
1 Prise Zucker
Salz, Pfeffer

Edelfisch-Marmite mit Aioli-Croûtons

Vorbereitung 1 Std.
Ruhezeit 1 Std.
Garzeit 50 Min.
1 Hummer (300 g)
4 Langustinen
8 Miesmuscheln
120 g Petersfischfilet
120 g Steinbuttfilet
40 g Graupen
2 Tomaten
1 Stange Lauch
1 Karotte
1/4 Sellerieknolle
1/2 Fenchel
2 Knoblauchzehen
1 Bouquet garni
1 Eigelb
Butter
1,5 l klarer Fischfond (siehe Anhang)
Olivenöl
200 ml trockener Weißwein
1 TL Tomatenmark
1 g Safranfäden
etwas Kerbel, Basilikum, Fenchelkraut
16 Weißbrotscheiben
Salz, Pfeffer

Zunächst den Hummer im klaren Fischfond nur 5 Min. kochen, das Fleisch auslösen und in vier Portionen aufteilen. Die rohen Langustinenschwänze abnehmen, den Darm entfernen und halbieren. Hummerfleisch und Langustinenschwänze beiseite stellen.
Nun die Langustinen- und Hummerschalen zerstoßen, in etwas Olivenöl mit dem Bouquet garni anschwitzen. Tomatenmark zugeben, mit dem Weißwein und Fischfond ablöschen, 30 Min. leise köcheln. Anschließend passieren, mit Salz und Pfeffer abschmecken und erkalten lassen. Währenddessen die Graupen in Salzwasser garen, beiseite stellen.
Den kalten Fond klären. Anschließend nochmals passieren, den Safran zugeben und mit Salz und Pfeffer abschmecken.
Währenddessen die Tomaten enthäuten, entkernen und in Würfel schneiden, beiseite stellen. Den weißen und hellgrünen Teil des Lauchs, Karotte, Sellerie und Fenchel waschen und putzen, in feine Streifen schneiden und in der geklärten Marmite garen. Den Fisch in vier Portionen teilen und mit den Langustinen und den geputzten Muscheln ca. 4 Min. ebenfalls in der Marmite garen, kurz vor dem Servieren die Hummerstücke und die vorgekochten Graupen zugeben. Die Tomatenwürfel in die angerichtete Marmite geben und mit dem frischgehackten Kerbel, Basilikum und Fenchelkraut bestreuen.
Für die Croûtons die Brotscheiben in Butter von beiden Seiten goldbraun rösten. Den Knoblauch in einem Mörser fein zerreiben, das Eigelb zugeben und unter ständigem

Zum Klären
4 Eiweiß
100 g Fischabschnitte
Kräuter (Basilikum, Estragon, Thymian)
Petersilienstiele oder -wurzel
1 Schalotte
2 Champignons

Rühren tropfenweise 3 – 4 EL Olivenöl unterheben. Mit Salz und Pfeffer abschmecken. Die Croûtons mit der Knoblauchpaste bestreichen. C.B.

Weinempfehlung: Ein leichter, aber säurearmer, hochsensibler Silvaner oder vielleicht noch ein reifer Grauburgunder eines kleinen Jahrgangs sind zu empfehlen.

Lauchcrèmesuppe mit leicht geräucherten Seeteufelbäckchen

Vorbereitung 30 Min.
Garzeit 30 Min.
4 Seeteufelbäckchen
5 Stangen Lauch
1 Kartoffel
20 g Butter
1,5 l Geflügelfond
80 ml flüssige Sahne
2 El geschlagene Sahne
etwas Kerbel
Salz, Pfeffer

Zum Räuchern
1 Handvoll Sägemehl
3 Lorbeerblätter
10 Wacholderbeeren
einige Pfefferkörner
2 Zweige Thymian

Zum Räuchern die Kräuter und Gewürze zerdrücken und mit dem Sägemehl vermischen. Die Seeteufelbäckchen würzen und im Räucherofen ca. 5 Min. räuchern.

Für die Suppe vier Stangen Lauch putzen und kleinschneiden. In etwas Butter andünsten, die kleingeschnittene Kartoffel zugeben und mit dem Fond aufgießen. Ca. 20 – 30 Min. weich kochen. Die Suppe zuerst pürieren, dann passieren, die Sahne zugeben und mit Salz und Pfeffer abschmecken. Warmhalten. Die letzte Stange Lauch in feine Streifen schneiden, in der restlichen Butter kurz anschwitzen, würzen. In der Mitte des Suppentellers eine Pyramide aus den Lauchstreifen anrichten. Die in Streifen geschnittenen Seeteufelbäckchen rund um die Lauchpyramide legen. Vor dem Servieren die geschlagene Sahne unter die warme Suppe heben, diese um die Lauchpyramide gießen und mit Kerbel garnieren. C.B.

Weinempfehlung: Entweder der Rest des klassischen Aperitivs oder der Rest des den vorhergehenden Fischgang begleitenden Weines.

… UND ALS SEIN GERICHT SAMT TOMATEN-
WÜRFELCHEN, ROSMARIN, KAPERN UND
FRÜHLINGSZWIEBELN VOM TELLER FLOH,
WURDE IHM KLAR, DASS AUCH ER ALL-
MÄHLICH AUFBRECHEN SOLLTE!

Sylter Fischsuppe mit Knoblauchbrot

Vorbereitung 45 Min.
Garzeit 45 Min.
150 g Dorschfilet
150 g Lachsfilet
150 g Seezungenfilet
100 g Krabben
800 g Fischgräten (Steinbutt oder Seezunge)
2 Hummerkarkassen
1/2 Fenchelknolle
2 Tomaten
2 Karotten
1 kl. Zucchini
1/2 Stange Lauch
1/2 Stange Sellerie
2 Schalotten
2 Knoblauchzehen
Mehl
1 TL Tomatenmark
300 ml Weißwein
40 ml Noilly Prat
20 ml Sherry
10 ml Pernod
Olivenöl
200 ml Sahne
200 ml Crème fraîche
50 g Butter
4 Baguettescheiben
etwas Kräuterbutter
1 kl. Bund Thymian
Salz, Pfeffer

Karotten, Zucchini, Lauch und Sellerie putzen, Fäden der Selleriestangen ziehen. Karotten und Zucchini in ca. 2 mm dicke Scheibchen schneiden. Den Lauch in Ringe, den Sellerie in längliche Scheiben schneiden. Jedes Gemüse separat blanchieren und in Eiswasser abschrecken. Die Gemüsereste beiseite stellen.

In einer Kasserolle die feingehackte Schalotte und 1 Knoblauchzehe in Olivenöl anschwitzen. Die zerkleinerten Fisch- und Hummerkarkassen, sämtliche Gemüseabschnitte, den kleingeschnittenen Fenchel, Tomaten, Thymian und Tomatenmark zugeben, mit dem Weißwein ablöschen und mit 2 l Wasser auffüllen. Zum Kochen bringen und bei kleiner Hitze ca. 30 Min. ziehen lassen. Durch ein Sieb passieren und auf die Hälfte reduzieren. Sahne und Crème fraîche unter den Fischsud geben, mit Noilly Prat, Sherry, Pernod, Salz und Pfeffer abschmecken und je nach Konsistenz mit etwas Mehlbutter binden. Die Fischfilets in kleine Stücke schneiden, mit Salz und Pfeffer würzen. Den Fisch und das blanchierte Gemüse in die Suppe geben, kurz erhitzen, die Krabben einstreuen und direkt in tiefen Tellern anrichten.

Währenddessen die Baguettescheiben mit dem restlichen gehackten Knoblauch und Kräuterbutter bestreichen und überbacken. Zur Suppe servieren. J.M.

Weinempfehlung: Zur Suppe ist Wein nicht unbedingt erforderlich, nehmen Sie gleichen oder ähnlichen Wein, wie Sie ihn schon zum Kochen verwendet haben.

Borschtsch aus Stör mit Piroggen

Vorbereitung 45 Min.
Garzeit 15 Min.
0,5 kg Störfilet ohne Haut
1 kl. Wirsingkopf
2 Karotten
1 Zucchini
150 g Broccoliröschen
200 g Rote Bete
80 g Butter
1 l klaren Fischfond (siehe Anhang)
20 ml Sherry
etwas Essig
200 ml Fischfond
1 Eigelb
150 g Blätterteig
Salz, Pfeffer

Die Wirsingblätter in kochendem Salzwasser blanchieren und kalt abschrecken. Ein paar schöne Blätter beiseite legen.
Karotten schälen, Zucchini waschen, beides in sternförmige Scheibchen schneiden. Karotten, Zucchini und Broccoli separat kurz blanchieren.
Wirsing in feine Streifen schneiden, in reichlich Butter andünsten, abschmecken, etwa die Hälfte in die beiseite gelegten Wirsingblätter füllen und daraus rosenkohlgroße Köpfchen formen.
Für die Piroggen den Blätterteig in dünne, ca. 10 cm breite Bahnen ausrollen und mit dem Teigrad in Dreiecke schneiden. Darauf mittig den restlichen Wirsing in kleinen Häufchen setzen. Die Teigränder mit wasserverdünntem Eigelb bestreichen und von der breiten Seite her zu kleinen Hörnchen aufrollen. Mit Eigelb bestreichen und im Backrohr bei mittlerer Temperatur 12 Min. backen.
Die Rote Bete waschen und schälen. Daraus mit einem Perlausstecher eine Tasse voll Perlen ausstechen, diese in Salzwasser weich kochen. Die restliche Rote Bete mit etwas Wasser im Mixer fein pürieren, passieren und den gewonnenen Saft zum geklärten Fischfond geben. Den Fischfond mit etwas Sherry, Salz, Pfeffer und einem Spritzer Essig abschmecken. Das Gemüse darin erhitzen und in tiefen Tellern anrichten.
Währenddessen das Störfilet in 12 Scheiben schneiden und kurz im ungeklärten Fischfond garen. In die Teller geben und mit den Piroggen servieren. J.M.

Weinempfehlung: Trockener bis halbtrockener Riesling, 2 – 3 Jahre alt, aus dem Gebiet Rheinhessen, Rheinpfalz.

MIT DIESEM FANG, MEINE LIEBE, WURDE ICH
HEUTE DER KÖNIG VOM HAFENBECKEN!

AN RUHETAGEN LÄSST DER KOCH
SEINEN LIEBLINGSFISCH BADEN.

Bretonischer Hummer à la Melanie

Vorbereitung 15 Min.
Garzeit 15 Min.
4 kl. Hummer (à ca. 400 g)
60 ml Olivenöl
40 ml Cognac
250 ml Sahne
etwas Thymian
frische Kräuter (Petersilie,
Basilikum, Kerbel)
Pfeffer

Bei diesem Gericht verwendet man kein Salz, da der Hummer bereits salzig genug ist. Die Hummer ca. 3 Min. in kochendem Wasser angaren, herausnehmen und mit der Schale in 3 cm dicke Scheiben schneiden.
In einer Kasserolle das Olivenöl erhitzen und die Hummerteile kurz anbraten, pfeffern, den Thymian zugeben und mit Cognac flambieren. Die flüssige Sahne zugeben und abgedeckt bei schwacher Hitze ca. 8 Min. leicht köcheln. Mit frischen Kräutern verfeinern. Als Beilage Reis servieren. C.B.

Weinempfehlung: Ein großer Weiß- oder Grauburgunder oder ein Chardonnay, der seine natürliche Säure behalten durfte.

Pochierter Seehecht mit Traubenkernöl-Mayonnaise

Vorbereitung 15 Min.
Garzeit 35 Min.
600 g Seehecht am Stück
1 Bouquet garni
2 Scheiben Zitrone
125 ml trockener Weiß-
wein
Salz, Pfeffer

Für die Mayonnaise
2 Eigelb
1/2 EL Senf
1/2 EL Weinessig
500 ml Traubenkernöl

Den Wein mit 1,5 l Wasser, dem Bouquet garni, Salz, Pfeffer und den Zitronenscheiben aufkochen und 8 – 10 Min. sieden. Den Seehecht im Sud ca. 20 – 30 Min. ziehen lassen, dabei nicht kochen.
Für die Mayonnaise sollten alle Zutaten dieselbe Temperatur haben. Zunächst das Eigelb mit dem Senf, Essig, Salz und Pfeffer in einer Schüssel leicht schaumig rühren. Nach und nach das Öl unterschlagen. Falls die Mayonnaise während des Schlagens zu fest wird, etwas Wasser zugeben. Falls sie gerinnt, mit etwas lauwarmem Wasser wieder aufschlagen. Den Hecht mit der Mayonnaise und Dampfkartoffeln servieren. C.B.

Weinempfehlung: Die Auswahl ist groß. Von

den Müller-Thurgau-, Silvaner- und Rieslingweinen kann man alle kleinen und mittleren Jahrgänge servieren, die den bescheidenen Eigengeschmack des Seehechts nicht nachteilig tangieren.

Zandersavarin mit Langustinen in leichter Hummersauce

Vorbereitung 20 Min.
Garzeit 15 Min.
16 Langustinen
200 g Zanderfarce (siehe Anhang)
60 ml Hummerreduktion (siehe Anhang)
etwas Butter
60 ml Sahne
20 ml Cognac
etwas Kerbel
Salz, Pfeffer

Die Zanderfarce auf 4 gebutterte Savarinformen verteilen, im Wasserbad bei 150° – 180° im vorgeheizten Backofen ca. 15 Min. garen. Währenddessen Cognac in einer Kasserolle auf die Hälfte reduzieren. Hummerreduktion und flüssige Sahne zugeben und nochmals reduzieren. Die Langustinen aus der Schale lösen, Darm entfernen, würzen, den Schwanz zur Hälfte längs einschneiden und in der Butter braten.
Jedes Savarin auf einen Teller stürzen, mit der Sauce überziehen, Langustinen mit einem Tuch abtupfen und um die Savarins legen. Mit Kerbel garnieren. Dazu wilden Reis servieren, der in der Mitte der Savarins angerichtet wird. C.B.

Weinempfehlung: Ein mittelreifer bis reifer Grauburgunder mit dem notwendigen Minimum an feiner Säure.

SPÄT AM ABEND ERSCHEINT DER KOCH
MANCHMAL PERSÖNLICH, DIESMAL
MIT ROSI, DER MÖRDERMUSCHEL.

Steinbutt auf Schmorgemüse

Das Gemüse putzen, waschen und je nach Sorte in Ringe, Streifen oder Scheiben schneiden. Tomaten häuten und in kleine Stücke schneiden. In einer Kasserolle reichlich Olivenöl erhitzen, feingehackte Schalotten und Knoblauch, Rosmarin, Thymian, das geschnittene Gemüse und die Tomaten darin anschwitzen. Mit Salz und Pfeffer würzen, mit Fischfond und Weißwein ablöschen und mit einem Spritzer Pernod abschmecken. Auf kleiner Flamme weich schmoren.
Währenddessen den Steinbutt säubern, waschen und trockentupfen. Die dunkle Hautseite parallel zum Rückgrat und an den Seiten zwischen Filets und Flossenkranz mit einem scharfen Messer einschneiden. Den Fisch würzen, in Mehl wenden und in einer Pfanne von beiden Seiten in Öl gut anbraten, danach mit der dunklen Seite nach oben auf ein gebuttertes Backblech legen. Die dunkle Haut von den Filets lösen.
Petersilie, Thymian und Kerbel fein hacken und mit den Weißbrotkrumen mischen, mit Salz und Pfeffer würzen und den Fisch damit bestreuen. Anschließend einige Butterflocken über den Fisch geben und im Backofen bei starker Oberhitze einige Minuten goldbraun überbacken.
Das Schmorgemüse mit gehackter Blattpetersilie auf den Tellern verteilen, die Fische darauf anrichten und mit Butterkartoffeln servieren. J.M.

Weinempfehlung: Kräftiger Chardonnay aus Kalifornien, z.B. Chardonnay Reserve von Robert Mondavi.

Vorbereitung 45 Min.
Garzeit 30 Min.
4 kl. Steinbutt (à 400 – 500 g)
1 Stange Lauch
1 Fenchelknolle
1/2 Stange Sellerie
2 Karotten
1 Zucchini
2 Fleischtomaten
2 Schalotten
1 Knoblauchzehe
Mehl
Olivenöl
250 ml Fischfond
100 ml Weißwein
10 ml Pernod
Tafelöl
4 EL Weißbrotkrumen
100 g Butter
1 Zweig Rosmarin
1 Zweig Thymian
1 EL gehackte Kräuter (Petersilie, Thymian, Kerbel)
1 EL gehackte Blattpetersilie
Salz, Pfeffer

Piccata aus Dorschbäckchen

Die Dorschbäckchen salzen, mit Zitronensaft und geschnittenen Basilikumblättern 30 Min. marinieren.

Währenddessen Tomaten häuten, entkernen und in Würfel schneiden. Schalotten und Knoblauch feinhacken und in Olivenöl anschwitzen, Tomatenwürfel und Thymian zugeben, mit einer Prise Zucker sowie Salz und Pfeffer abschmecken. Auf die Hälfte reduzieren.

Für die Piccatamasse 2 EL Mehl, Eier, Milch und den geriebenen Parmesan nach und nach in eine Schüssel geben, gut verrühren und salzen. Die Dorschbäckchen in Mehl wenden, durch die Piccatamasse ziehen und in geklärter Butter und etwas Olivenöl anbraten.

Die Nudeln kochen, mit dem Pesto mischen und auf heißen Tellern in der Mitte anrichten. Vom Bratfond der Dorschbäckchen 3 – 4 EL zu den Tomaten geben, gut verrühren und um die Nudeln geben. Die Dorschbäckchen auf den Nudeln verteilen. J.M.

Weinempfehlung: Trockener Gewürztraminer aus dem Elsaß, z.B. 3 – 4jähriger Gewürztraminer „Hengst" von Josmeyer.

Vorbereitung 45 Min.
Ruhezeit 30 Min.
Garzeit 10 Min.
500 g Dorschbäckchen
500 g Fleischtomaten
2 kl. Schalotten
1 Knoblauchzehe
etwas Mehl
geklärte Butter
2 Eier
100 ml Milch
4 EL Olivenöl
2 EL Pesto (siehe Anhang)
50 g Parmesan
300 g Nudeln
1 Zitrone
einige Basilikumblätter
1 Thymianzweig
1 Prise Zucker
Salz, Pfeffer

Glattbutt in Blätterteig mit Sauce Choron

Für die Lachsmousse zunächst 100 g Lachsfilet kleinschneiden, im Gefrierfach leicht anfrieren und pürieren. Ein Ei trennen, das Eigelb beiseite stellen. Das Eiweiß und das andere Ei zugeben und verrühren. Nun die ebenfalls sehr kalte Crème fraîche sowie Muskat und Kerbel oder Trüffel hinzufügen, abschmecken. Daraus eine feste, luftige Masse rühren. Beiseite stellen.
Die Hälfte des Blätterteigs ca. 30 cm lang und 15 cm breit ausrollen und auf ein Backblech geben. Die enthäuteten Glattbuttfilets mit Estragon, Schnittlauch und Basilikum bestreuen, salzen und pfeffern, anschließend mit etwas Olivenöl beträufeln. Die Hälfte der Filets in Fischform mittig auf den Teig legen. Ringsum wird ein freier Rand von ca. 2 cm Breite benötigt. Das restliche Lachsfilet in ca. 1 cm dicke Scheiben schneiden, die Hälfte davon auf die Glattbuttfilets geben. Nun die Lachsmousse auf dem Lachsfilet verstreichen, darauf die zweite Schicht Lachsfilet legen. Den Abschluß bilden die restlichen Glattbuttfilets.
Den Rand des Blätterteigs mit wasserverdünntem Eigelb bestreichen. Die etwas breiter ausgerollte andere Hälfte des Blätterteigs darüberlegen und andrücken.
Mit einem kleinen Messer die Pastete in Fischform zuschneiden, mit dem restlichen Eigelb bestreichen und ausgarnieren. Im Ofen zunächst 10 Min. bei 250° backen. Nun die Temperatur auf 180° absenken und die Pastete 15 – 20 Min. weiterbacken. Sollte der Teig zu dunkel werden, mit Alufolie abdecken.
Währenddessen wie im Anhang beschrieben die Sauce Choron herstellen.
Den fertigen Fisch auf einem Brett anrichten, mit einem Tranchiermesser aufschneiden. Mit der Sauce Choron servieren. C.B.

Weinempfehlung: Mittlere Jahrgänge einer säurebetonten, aber reifen Riesling-Spätlese ohne Restsüße.

Vorbereitung 75 Min.
Garzeit 30 Min.
3 – 4 Glattbuttfilets (500 g)
250 g Lachsfilet
2 Eier
300 – 400 g Blätterteig
Olivenöl
125 ml Crème fraîche
Muskat
grobgehackter Kerbel oder
Trüffel
Estragon, Schnittlauch,
Basilikum
Salz, Pfeffer
Für die Sauce Choron
1 Tomate
4 gr. Eigelb
250 g Butter
2 kl. Schalotten
60 ml trockener Weißwein
1 EL Estragonessig
4 – 6 EL Wasser
1/2 Zitrone
1 TL Tomatenmark
Kräuter (Estragon, etwas
Kerbel, Petersilie und
Schnittlauch)
weißer Pfeffer

Meeresfrüchte-Gratin auf Gemüsenudeln

Vorbereitung 45 Min.
Garzeit 45 Min.
800 g frische Pfahl- oder Herzmuscheln
160 g Lachsfilet
160 g Seezungenfilet
160 g Seeteufel
4 Garnelen oder 100 g Krabben
1 gr. Karotte
1 Stück Kohlrabi
1 Stange Lauch
1 Schalotte
2 Eigelb
50 g Butter
100 ml geschlagene Sahne
200 ml Crème fraîche
100 ml Weißwein
200 ml Fischfond
1 Spritzer Pernod
200 g Nudeln
Salz, Pfeffer

Die Muscheln säubern und waschen. In einer Kasserolle die feingehackte Schalotte mit Butter anschwitzen. Muscheln zugeben, mit Weißwein und Fischfond ablöschen und abgedeckt 6 Min. garen. Muscheln aus dem Sud nehmen, kurz in kaltem Salzwasser abschrekken und das Fleisch aus der Schale nehmen. Abgedeckt beiseite stellen.
Den Muschelsud passieren und mit Crème fraîche auf ca. 200 ml einkochen, mit einem Spritzer Pernod abschmecken.
Währenddessen das Gemüse putzen, waschen, in feine Streifen schneiden und separat in Salzwasser nicht zu weich kochen, kalt abschrecken. Fische in mundgerechte Stücke bzw. Streifen schneiden, Garnelen halbieren und alles mit Salz und Pfeffer würzen. Die Nudeln in Salzwasser nicht zu weich kochen, kalt abschrecken, abtropfen lassen und mit den Gemüsestreifen mischen.
Eine feuerfeste Platte ausbuttern, darauf die Gemüsenudeln verteilen und mit dem Fisch und dem Muschelfleisch belegen. Eigelb und geschlagene Sahne mischen, den Muschelsud mit einem Rührstab aufschäumen, mit dem Eigelb-Sahne-Gemisch verrühren und alles über die Fische, Garnelen und Gemüsenudeln verteilen. Im Backofen bei ca. 200° 12 Min. garen, zum Schluß mit Oberhitze etwas überbacken. J.M.

Weinempfehlung: Reifer Riesling aus dem Elsaß, z.B. 8 – 10jähriger Clos St. Hune von Trimbach.

FANGFRISCH!

Bodenseeaal-Matelote in Grauburgunder

Vorbereitung 30 Min.
Garzeit 15 Min.
1 kg Aal
12 Champignons
1 Stange Lauch
12 Perlzwiebeln
1 Bouquet garni
2 Schalotten
100 g Butter
100 ml Grauburgunder
100 ml Fischfond
200 ml flüssige Sahne
Salz, Pfeffer

Den Aal enthäuten, entfetten und filieren. In ca. 4 – 5 cm große Stücke schneiden. In einer gebutterten Kasserolle anschwitzen, die feingehackten Schalotten dazugeben und mit dem Wein und Fischfond ablöschen. Die Hälfte der Sahne und das Bouquet garni dazu geben, mit Salz abschmecken. Ca. 5 Min. leise köcheln, dann die Aalfilets aus dem Sud nehmen. Den Fond passieren und etwas reduzieren.

Die Champignons und den Lauch in feine Streifen schneiden und zusammen mit den Perlzwiebeln im reduzierten Fond 2 – 3 Min. köcheln. Die restliche Sahne dazugeben und mit der Butter verfeinern.

Den Aal auf einer Platte anrichten, die Sauce darüber geben, heiß servieren. Als Beilage frische Nudeln oder Fleuron reichen. C.B.

Weinempfehlung: Derselbe gute Grauburgunder, den man bei der Zubereitung verwendet.

Seeteufelmedaillons auf roter und gelber Paprikasauce

Eine grüne, 1/2 rote und 1/2 gelbe Paprikaschote schälen und in Würfelchen schneiden. In Salzwasser blanchieren und in Eiswasser abschrecken. Beiseite stellen.
Für die Saucen die restlichen Paprikaschoten in Würfel schneiden und getrennt in zwei kleinen Kasserollen mit Butter und den feingehackten Schalotten anschwitzen. Jeweils mit weißem Portwein, Cognac und Fischfond ablöschen und abgedeckt weich dünsten. Getrennt pürieren und durch ein Haarsieb streichen. Beide Saucen mit Salz und einer Prise Zucker abschmecken, mit der Sahne vollenden.
Den Seeteufel in 12 gleiche Medaillons schneiden, würzen und in Mehl wenden. Mit Rosmarin und der halbierten Knoblauchzehe in Olivenöl und etwas Butter anbraten.
Die Paprikawürfelchen in Butter schwenken, die Teller mit beiden Saucen überziehen und den Fisch in der Mitte aufsetzen. Mit den Paprikawürfeln garnieren und mit Rosmarinkartoffeln servieren. J.M.

Weinempfehlung: Kräftiger Grauburgunder vom Kaiserstuhl, z.B. ein 3 – 4jähriger Grauburgunder Tafelwein „A“ von Franz Keller.

Vorbereitung 1 Std.
Garzeit 10 Min.
600 g Seeteufelfilet ohne Haut
1 grüne Paprikaschote
2 rote Paprikaschoten
2 gelbe Paprikaschoten
2 kl. Schalotten
1 Knoblauchzehe
80 g Butter
Mehl
100 ml weißer Portwein
20 ml Cognac
400 ml Fischfond
4 EL geschlagene Sahne
Olivenöl
1 Zweig Rosmarin
1 Prise Zucker
Salz, Pfeffer

Gebratener Steinbutt mit Erbsenpüree in Schnittlauchjus

Vorbereitung 30 Min.
Garzeit 18 Min.
1 Steinbutt (ca. 1,5 – 2 kg)
2 Scheiben frischer Bauchspeck
12 Lauch- oder Perlzwiebeln
200 g Erbsen
40 ml Tafelöl
Butter
200 ml Kalbsjus
4 EL flüssige Sahne
1 Bund Schnittlauch
Zucker
Salz, Pfeffer

Den Steinbutt säubern, ausnehmen, die Kiemen und Flossen entfernen. Den Fisch abtrocknen, auf beiden Seiten reichlich würzen. In einer großen Pfanne Öl und ein wenig Butter leicht erhitzen, den ganzen Fisch zuerst an der Oberseite anbraten. Den grob gewürfelten Speck und die Zwiebeln dazugeben. Nach 8 Min. den Steinbutt vorsichtig wenden und im auf 200° vorgeheizten Ofen noch ca. 10 Min. garen.
Für das Püree währenddessen die Erbsen in Salzwasser mit etwas Butter und einer Prise Zucker vollständig gar kochen. Die Erbsen durch ein Sieb streichen, das Püree mit etwas Sahne und Butter verfeinern, mit Salz und Pfeffer abschmecken.
Den Steinbutt auf einer vorgewärmten Platte anrichten. Das Bratfett ausgießen, nicht jedoch den Bratensaft. In diesem wird der fein geschnittene Schnittlauch mit etwas Butter kurz angeschwitzt. Mit Kalbsjus ablöschen und mit dem Erbsenpüree servieren. C.B.

Weinempfehlung: Dezente, durchgegorene Rieslingweine, alle Weine der Burgunderfamilie wie Weiß- und Grauburgunder, Chardonnay, Silvaner sowie Müller-Thurgau.

Lachs-Zander-Roulade auf Kartoffel-Lauch-Ragout

Aus 150 g Zanderfleisch und 150 ml Sahne wie im Anhang beschrieben eine Farce herstellen. Die Hälfte der Farce mit Kurkuma gelb färben, die andere Hälfte mit pürierter Petersilie grün färben. Dazu die gezupfte, gewaschene Petersilie in reichlich kochendem Wasser kurz blanchieren, mit Eiswasser abschrecken und sehr fein pürieren.
Kartoffeln waschen, schälen und in 2 cm große und 2 mm dicke Rauten schneiden. Lauch waschen und die grünen Blätter ebenfalls in gleich große Rauten schneiden. Getrennt in Salzwasser garen, in kaltem Wasser abschrecken und auf ein Sieb geben.
Lauch, Karotten, Sellerie in kleine Würfelchen (4 mm Kantenlänge) schneiden, in Salzwasser kurz garen, kalt abschrecken und auf einem Tuch gut abtropfen lassen. Die Gemüsewürfel unter beide gekühlten Farcen geben, abschmecken.
Die Spinatblätter ohne Stiele in kochendem Salzwasser kurz blanchieren, kalt abschrekken und auf einem Tuch zu einer 40 x 30 cm großen Matte auslegen. Das Lachsfilet würzen und auf einer Seite mit der grünen Farce ca. 1 cm dick bestreichen. Anschließend mit der bestrichenen Seite auf die Mitte der Spinatmatte legen, das restliche Zanderfilet (200 g) darauflegen. Dieses nun mit der gelben Farce bestreichen. Die Filets mit Spinat umhüllen und zu einer Roulade formen. Mit Alufolie umhüllen und 6 – 7 Min. pochieren. Aus dem Wasser nehmen und 4 Min. abgedeckt ruhen lassen. Die Roulade sollte beim Servieren saftig und nicht durch sein.
In einer Kasserolle den Fischfond, Weißwein und die restlichen 200 ml Sahne auf ca. 300 ml einkochen und mit etwas Mehlbutter binden. Die Sauce mit dem Rührstab aufschäumen, mit Noilly Prat und Pernod abschmecken.

Vorbereitung 90 Min.
Garzeit 15 Min.
350 g Zanderfilet ohne Haut und Gräten
200 g Lachsrückenfilet ohne Bauchlappen, Haut und Gräten
500 g Kartoffeln
1 Stange Lauch
2 EL Gemüsewürfelchen (Lauch, Karotten, Staudensellerie)
250 g Spinatblätter
1 EL geschlagene Sahne
1/2 EL Mehlbutter
1 Eiweiß
250 ml Fischfond
50 ml trockener Weißwein
350 ml Sahne
1 Spritzer Noilly Prat
1 Spritzer Pernod
1 Prise Cayennepfeffer
Kurkuma
1 Bund Petersilie
Salz, Pfeffer

Die Kartoffel- und Lauchrauten in die Sauce geben, erhitzen und mit geschlagener Sahne abrunden; auf vorgewärmte Teller verteilen. Die Lachsroulade aus der Folie nehmen, in ca. 1 cm dicke Scheiben schneiden und auf dem Kartoffel-Lauch-Ragout servieren. J.M.

Weinempfehlung: Trockener Riesling, Spätlese oder Auslese vom Rheingau, sehr guter Jahrgang, 5 – 7 Jahre alt.

Eglifilets nach Art Christian Begyn

Vorbereitung 30 Min.
Garzeit 15 Min.
8 – 16 Eglifilets (800 g)
etwas Mehl
200 g Butter
1 – 2 Stangen Sellerie
4 Knoblauchzehen
6 Tomaten
Basilikum
Kerbel
Schnittlauch
Salz, Pfeffer

Zunächst die Tomaten enthäuten, entkernen und würfeln. Die Hälfte der Butter ganz leicht anbräunen. Den Knoblauch in dünne Scheiben schneiden, in der gebräunten Butter kurz dünsten, die Tomatenwürfel zugeben, ganz kurz kochen lassen und würzen. Die grob gehackten Kräuter darüberstreuen.

Währenddessen die Selleriestange in feine Streifen schneiden, kurz dünsten und auf den Tellern daraus ein Bett anrichten.

Die Eglifilets entgräten, würzen und in Mehl wenden. In der Hälfte der Butter kurz braten. Die Filets auf das Selleriebett legen, die Sauce neben den Filets verteilen. Mit Basmatireis servieren. C.B.

Weinempfehlung: Der feindeftige Bratgeschmack braucht einen reifen, im Bukett dezenten Riesling oder einen Weißwein aus der Burgunderfamilie.

Gebratener Dorsch auf Weinkraut mit Speckaustern

Vorbereitung 45 Min.
Garzeit 20 Min.
700 g Dorschfilet mit Haut
12 Austern
12 dünne Scheiben Speck
1 EL Speckwürfel
4 mittelgr. Kartoffeln
250 g Sauerkraut
1 kl. Frühlingszwiebel
etwas Mehl
50 g Butter
2 EL geschlagene Sahne
100 ml trockener Weißwein
100 ml Fischfond
Tafelöl
200 ml Fischgrundsauce
Salz, Pfeffer

Sauerkraut mit kaltem Wasser abspülen, gut ausdrücken. Die Zwiebel schräg in feine Streifen schneiden, in Butter anschwitzen. Sauerkraut zugeben, salzen, mit Weißwein und Fischfond angießen und 20 Min. kochen. Austern öffnen, das Fleisch lösen, auf Küchenkrepp legen und in Speck einrollen. Den Dorsch in acht Stücke schneiden, würzen, in Mehl wenden und in Öl von beiden Seiten gut anbraten. Austern und Speckwürfel zugeben und kroß anbraten.

Währenddessen die Kartoffeln schälen, in Würfel (8 mm Kantenlänge) schneiden und in schwimmendem Fett knusprig garen.

Die Fischsauce erhitzen, abschmecken und mit geschlagener Sahne verfeinern. Das Weinkraut auf den Tellern anrichten, mit der Sauce überziehen und den Fisch mit der Haut nach oben darauf legen. Mit Austern, Speck und den Kartoffelwürfeln garnieren. J.M.

Weinempfehlung: Trockener, leicht säuerlicher Riesling aus dem Rheingau, z.B. von Georg Breuer Rüdesheimer Berg Schloßberg Riesling Kabinett, 2 – 4 Jahre alt.

GESCHLOSSENE GESELLSCHAFT

Hummer, Garnelen und Seeteufelmedaillon unter einer Strudelhaube

Vorbereitung 30 Min.
Ruhezeit min. 1 Std.
Garzeit 20 Min.
1 Hummer (500 – 600 g)
4 Garnelen
160 g Seeteufelmedaillon
1 Tomate
30 g Graupen
1 Eigelb
80 ml Sahne
40 ml trockener Weißwein
8 Aniskörner
Kräuter (Estragon, Basilikum, Fenchelkraut, Kerbel, Thymian)
Salz, Pfeffer

Für den Strudelteig
150 g Mehl
20 g Tafelöl
75 ml lauwarmes Wasser
1 Prise Salz

Zunächst aus Mehl, Öl, Wasser und etwas Salz den Strudelteig kneten und mindestens 1 Std. ruhen lassen.

Währenddessen den Hummer in kochendes Wasser geben, ca. 4 – 5 Min. kochen, aus der Schale lösen und in vier gleich große Portionen schneiden. Die Tomate enthäuten, entkernen und würfeln. Unterdessen die Graupen weich kochen. Den Hummer, die rohen Garnelen und Seeteufelmedaillons auf vier Suppenteller verteilen, die Graupen, Tomatenwürfel und Aniskörner dazugeben und mit den grob gehackten Kräutern bestreuen. Sahne und Weißwein aufkochen und mit Salz und Pfeffer abschmecken. Ein bis zwei Eßlöffel davon auf jeden Teller geben.

Nun den Strudelteig dünn ausziehen, die Oberseite mit verdünntem Eigelb bestreichen. Den Tellerrand ebenfalls leicht mit Eigelb bestreichen und die Teighaube über den Teller ziehen. Den Rand andrücken und abschneiden.

Im vorgeheizten Backofen bei 200° ca. 10 – 15 Min. backen. Der Teig soll knusprig und hellbraun sein. C.B.

Weinempfehlung: Reife Grau- oder Weißburgunder, klassisch ausgebaut oder aus dem Barrique, geschmacklich reich, aber nicht beherrschend.

Jakobsmuscheln im Lachsmantel

- Vorbereitung 45 Min.
- Garzeit 30 Min.
- 12 Jakobsmuscheln
- 4 Lachsfilets (à 120 g)
- 20 g Kaviar
- 20 g Trüffel (nach Wunsch)
- 1 mittlere Stange Lauch
- 4 gr. Tomaten
- 4 Schalotten
- 1 Knoblauchzehe
- 1 EL Olivenöl
- 300 g Butter
- 175 ml trockener Grauburgunder
- 2 EL flüssige Sahne
- 1 Zweig Thymian
- Schnittlauch
- etwas Kerbel
- 1 kl. Prise Zucker
- Salz, Pfeffer

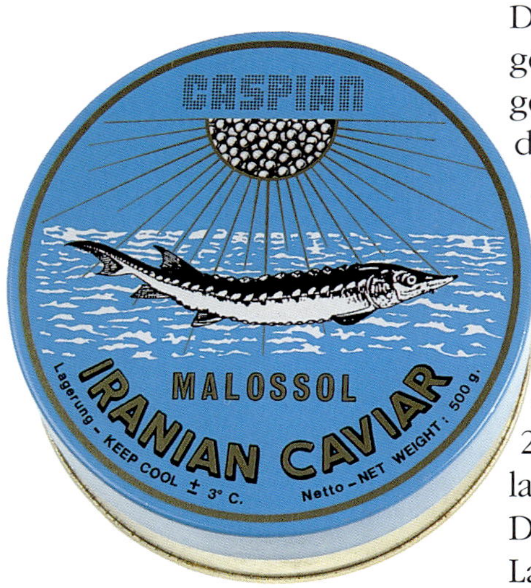

Für die Garnitur Tomaten enthäuten, entkernen und in kleine Würfel schneiden. In einer Kasserolle eine feingehackte Schalotte in Olivenöl dünsten, nach und nach den feingehackten Knoblauch, den Thymian und die Tomatenwürfel zugeben, mit etwas Zucker, Salz und Pfeffer abschmecken. Ca. 10 Min. reduzieren, den Thymian herausnehmen. Warmstellen.

Den hellgrünen Teil des Lauchs in feine Streifen schneiden, in etwas Butter dünsten, mit Salz und Pfeffer würzen und ebenfalls warmstellen.

Für die Sauce werden die beiden restlichen feingehackten Schalotten mit dem Weißwein auf ein Drittel reduziert. Die Sahne zugeben und die Sauce mit den restlichen weichen Butterflocken montieren. Die Sauce darf dabei auf keinen Fall mehr kochen. Durch ein Sieb passieren, mit Salz und Pfeffer würzen. Bei schwacher Hitze warmhalten, kurz vor dem Anrichten den Kaviar und feingeschnittenen Schnittlauch zur Sauce geben.

Die Lachsfilets auf ein gebuttertes Blech legen. Auf die untere Hälfte der Filets den gedämpften Lauch und, wenn vorhanden, die in feine Streifen geschnittenen Trüffel legen. Leicht würzen.

Die Jakobsmuscheln (falls es große sind, halbieren) würzen und in Butter kurz anbraten. Danach auf das Lauchbett legen, die obere Hälfte der Filets umklappen, so daß eine Tasche entsteht. Sofort 2 – 4 Min. bei 200° im vorgeheizten Ofen garen. Nicht zu lange garen, da der Fisch sonst zu trocken wird. Die Sauce auf vorgewärmte Teller geben, die Lachsfilets in die Mitte legen und mit den Tomaten und dem Kerbel ausgarnieren. Als Beilage sind Salzkartoffeln oder wilder Reis geeignet. C.B.

Weinempfehlung: Ein dezenter Sauvignon blanc oder kräftige Weiß- oder Grauburgunder und Chardonnay.

Gekochter Schellfisch in Senfsauce

Vorbereitung 45 Min.
Garzeit 10 Min.
800 g Schellfischfilet
Gemüseabschnitte (Petersilienstengel, Lauch, Sellerie, Dill usw.)
1 kl. Zwiebel
50 g Butter
1 EL Mehl
200 ml flüssige Sahne
2 EL geschlagene Sahne
1 EL Crème fraîche
250 ml trockener Weißwein
2 EL mittelscharfer Senf
1 EL Meaux-Senf
1 Lorbeerblatt
Salz, Pfeffer

Das Schellfischfilet säubern, mit einer kleinen Zange die Gräten ziehen und das Filet in vier gleich große Stücke schneiden. In einer Kasserolle ca. 2 l Wasser mit dem Lorbeerblatt, Zwiebel, Weißwein und den Gemüseabschnitten zum Kochen bringen. Mit Salz und Pfeffer abschmecken, 8 – 10 Min. ziehen lassen und den Sud in eine andere Kasserolle passieren.

Die Filets salzen und im passierten Sud bei kleiner Hitze ca. 8 Min. garen.

Für die Senfsauce in einer kleinen Kasserolle Butter und Mehl kurz anschwitzen, mit der flüssigen Sahne und ca. 200 ml Garfond ablöschen, zum Kochen bringen, Crème fraîche und Senf zugeben und mit etwas Weißwein abschmecken. Zum Schluß die geschlagene Sahne unterheben.

Den Fisch auf dem Teller anrichten, mit etwas separat blanchiertem Gemüse (Zucchini, Sellerie, Karotten, Lauch) bedecken und mit Senfsauce überziehen. Mit Salzkartoffeln garnieren. J.M.

Weinempfehlung: Trockener, würziger Weißburgunder, Spätlese bis Auslese, z.B. Franz Kellers Baßgeige.

DIE REVOLUTION MACHTE SELBST VOR DER KÜCHE NICHT HALT!

Seezungenstreifen und Garnelen in Currysauce

Die Gemüse putzen, in Ringe, Blättchen bzw. Scheiben schneiden und in Salzwasser kurz blanchieren.
Für die Sauce Zwiebel und Früchte zerkleinern, in Butter anschwitzen, mit Currypulver und etwas Mehl bestäuben. Fischfond, Sahne und einen Spritzer Champagner zugeben, glattrühren. Mit Mango Chutney abrunden und anschließend ca. 10 Min. köcheln lassen. Die Sauce mit dem Rührstab mixen, passieren und abschmecken.
Die Seezungenfilets in 6 cm lange Streifen schneiden, mit Salz und Pfeffer würzen. In der Currysauce kurz garen, herausnehmen und warm stellen. Währenddessen die Garnelen in Olivenöl anbraten und das Gemüse in etwas Butter erhitzen.
Seezungenstreifen, Garnelen und Gemüse auf warmen Tellern anrichten. Die Currysauce mit etwas geschlagener Sahne abrunden und über die restlichen Zutaten geben. J.M.

Weinempfehlung: Badischer Traminer, trokken bis halbtrocken, z.B. 3 – 4jährige Traminer Spätlese von Rudolf Stigler.

Vorbereitung 45 Min.
Garzeit 10 Min.
500 g Seezungenfilets
320 g Garnelenschwänze
ohne Darm und Schale
1 Karotte
1 kl. Zucchini
1 kl. Stange Lauch
1 Stange Sellerie
Olivenöl
etwas Butter
2 EL geschlagene Sahne
Salz, Pfeffer
Für die Sauce
1 kl. Apfel
1 kl. Stück Ananas
1/2 Banane
1 kl. Zwiebel
50 g Butter
1 TL Mehl
200 ml Fischfond
200 ml Sahne
etwas Champagner
1 EL Mango Chutney
Curry

ANGERIE
14
A VENDRE
RESTA

ÜBER LAND UND MEER

Seeteufel in Knoblauch

Vorbereitung 20 Min.
Garzeit 15 Min.
4 Seeteufelfilets (à 150 – 200 g)
1 Zitrone
4 Knoblauchzehen
300 g Butter
125 ml trockener Weißwein
Salz, Pfeffer

In einer Kasserolle die gewürzten Seeteufelfilets mit den ungeschälten Knoblauchzehen ca. 10 Min. in etwas Butter braten.
Das Fleisch und die Knoblauchzehen herausnehmen, den Bratensatz mit Weißwein ablöschen und mit der restlichen Butter eine Sauce montieren. Mit Salz, Pfeffer und Zitronensaft abschmecken.
Das Seeteufelfilet in Scheiben schneiden und mit der Sauce anrichten. Die Knoblauchzehen aus der Schale drücken und mitservieren. Als Beilagen sind Salzkartoffeln, Reis oder frische Nudeln geeignet. C.B.

Weinempfehlung: Denselben guten Weißwein, der bei der Zubereitung benutzt wurde, es darf aber kein Bukettwein sein.

Atlantikrochen in Grauburgunder nach René Fulgraff

Vorbereitung 15 Min.
Garzeit 25 Min.
600 g Rochenfleisch
2 Schalotten
20 g Butter
1 Knoblauchzehe
etwas Paniermehl
150 ml Grauburgunder
150 ml Fischfond
20 g Gruyère
etwas Petersilie
Salz, Pfeffer

In einer feuerfesten Form zunächst die feingehackten Schalotten mit der Hälfte der Butter anschwitzen, den feingehackten Knoblauch zugeben.
Nun die enthäuteten, gewürzten Rochenstükke, die möglichst gleichmäßig sein sollten, nebeneinander in die Form legen. Wein und Fischfond zugeben, so daß der Fisch zur Hälfte oder etwas darüber bedeckt ist. Den geriebenen Käse und Paniermehl darüberstreuen, die restliche Butter in Flocken auf dem Fisch verteilen. Im Backofen bei 200° – 250° ca. 15 – 20 Min. garen. Mit frisch gehackter Petersilie garnieren. C.B.

Weinempfehlung: Denselben Wein, der für die Zubereitung verwendet wurde.

„Mein Gott, es ist Herbert!“

Heilbuttschnitten auf Schmorgurken

Vorbereitung 30 Min.
Garzeit 30 Min.
640 g Heilbuttfilet
800 g Schmorgurken
3 Schalotten
Mehl
geklärte Butter
60 g Butter
200 ml Crème fraîche
2 EL geschlagene Sahne
100 ml Weißwein
200 ml Fischfond
10 ml Pernod
frischer Dill
Salz, Pfeffer

Die Gurken waschen, schälen und längs vierteln. Kerne mit einem Löffel entfernen und das Gurkenfleisch in 0,5 cm dicke Stücke schneiden. Zusammen mit gehackten Schalotten in Butter gut anschwitzen, mit Weißwein und Fischfond ablöschen. Die Crème fraîche zugeben, mit Salz, Pernod und Pfeffer abschmecken und weich kochen.
Währenddessen den Heilbutt in acht gleiche Stücke schneiden, würzen, in Mehl wenden und in geklärter Butter auf den Punkt braten. Die Schmorgurken mit etwas gezupftem Dill und geschlagener Sahne abrunden, auf vorgewärmten Tellern ausbreiten und darauf die Heilbuttschnitten anrichten. Mit Kartoffeln servieren. J.M.

Weinempfehlung: Trockener Moselriesling, z.B. eine 3 – 5 Jahre alte Spätlese vom Karthäuserhofberg.

Gebratener Seesaibling mit Rieslingschaum

Vorbereitung 30 Min.
Garzeit ca. 3 Min.
4 Seesaiblingfilets (à 120 – 150 g)
1 Stange Lauch
1 EL Tafelöl
50 g Butter
1 g Safran
3 Eigelb
100 ml Riesling
Estragon
Wacholderbeeren
Koriander
Pfefferkörner
Salz, Pfeffer

Die Saiblingfilets von den Gräten befreien, mit Salz und Pfeffer würzen. Die Haut mehrfach parallel flach einschneiden. Mit Öl und der Hälfte der Butter auf der Hautseite knusprig braten.
Den weißen bis hellgrünen Teil des Lauchs in 0,5 cm dicke Scheiben schneiden, in der restlichen Butter weich dünsten, mit Safran, Salz und Pfeffer abschmecken.
Wacholderbeeren, Koriander und Pfefferkörner zu gleichen Teilen mischen und grob zerstoßen, beiseite stellen.
Eigelb mit dem Riesling im Wasserbad zu Schaum aufschlagen, mit Salz und Pfeffer abschmecken, mit gehacktem Estragon verfeinern.
Den Lauch auf einem Teller anrichten, den Saibling mit der Haut nach oben dazu legen. Den Fisch mit den zerstoßenen Gewürzen bestreuen und mit dem Weinschaum servieren. Als Beilage wilden Reis reichen. C.B.

Weinempfehlung: Der geschmacklich charaktervolle Fisch und der Weinschaum ergeben eine überaus aromenreiche Kombination. Aber gerade deshalb rate ich hier ausnahmsweise zu einem Weißen aus der großen Burgunderfamilie als geschmacklichem Balancefaktor.

REINKARNATION ODER HALLUZINATION ?

Steinbutt und Hummer in zwei Saucen

Den Hummer in stark kochendes Salzwasser geben und 8 – 10 Min auf kleiner Flamme garen. Herausnehmen, kalt abschrecken und das Fleisch ausbrechen. Mit Folie gut abdekken und warm stellen.
Für die Hummersauce die Hummerkarkasse zerkleinern. Karotte, Sellerie, den weißen Teil des Lauchs, Schalotten und Knoblauch in kleine Würfel schneiden. Karkasse und Gemüse in Hummerbutter unter Zugabe von Thymian und Tomatenmark gut anbraten. Mit Cognac, Weißwein und der Hälfte des Fischfonds ablöschen und ca. 8 – 10 Min. köcheln. Passieren, mit der Hälfte der Crème fraîche verkochen und mit einigen Butterstückchen montieren. Mit Salz und Pfeffer abschmecken.
Das Steinbuttfilet würzen, in eine gebutterte Pfanne legen, mit dem restlichen Fischfond und Champagner angießen, mit Alufolie abdecken und auf kleiner Flamme 2 – 3 Min. pochieren. Filets herausnehmen und abgedeckt warmstellen. Den Pochierfond auf die Hälfte reduzieren, restliche Crème fraîche zugeben, aufkochen, mit den restlichen Butterstückchen montieren, abschmekken und mit geschlagener Sahne abrunden.
Vorgewärmte Teller je zur Hälfte mit Hummer- und Champagnersauce ausgießen. Hummer und Fisch auflegen, mit wildem Reis und kleinen Gemüsen garnieren. J.M.

Weinempfehlung: Kräftiger, würziger und edler weißer Burgunder, z.B. reifer Musigny Blanc Grand Cru von der Domaine Comte Georges de Vogüé.

Vorbereitung 30 Min.
Garzeit 30 Min.
1 Hummer (800 – 1000 g)
440 g Steinbuttfilet
1 kl. Karotte
1 kl. Stange Sellerie
1 kl. Stange Lauch
2 kl. Schalotten
1 Knoblauchzehe
1 TL Tomatenmark
80 g Butterwürfel
40 g Hummerbutter (siehe Anhang)
etwas Cognac
100 ml Weißwein
200 ml Fischfond
200 ml Crème fraîche
100 ml Champagner
1 EL geschlagene Sahne
1 Zweig Thymian
Salz, Pfeffer

Steinbuttmedaillon im Teig auf Chicorée mit Orangenbutter

Vorbereitung 1 Std.
Garzeit 10 Min.
500 g Steinbuttfilet ohne Gräten und Haut
600 g Chicorée
2 EL Gemüsewürfel (Lauch, Sellerie, Karotten)
1 Eigelb
2 EL geklärte Butter
120 g Butter
500 ml frischer Orangensaft
100 ml Kräuteressig
250 ml Fischfond
1 Paket Frühlingsrollenteig
20 ml Grand Marnier
Zucker
Salz, Pfeffer
Für die Farce
150 g Zanderfilet
1 Eiweiß
150 g Sahne
etwas Pernod

Vom Chicorée die äußeren Blätter entfernen, dann längs vierteln, in gesalzenem Essigwasser weich kochen, kalt abschrecken und zum Abtropfen auf ein Tuch legen. Den Sud beiseite stellen. Etwas Lauch, Sellerie und Karotten in kleine Würfel schneiden, in Salzwasser separat kurz blanchieren und auf ein Tuch geben.
Orangensaft und Fischfond in eine Kasserolle geben und auf die Hälfte reduzieren. Beiseite stellen.
Den Steinbutt in acht gleich große Stücke schneiden und kaltstellen. Aus eventuellen Abschnitten, dem Zanderfilet und der gut gekühlten Sahne wie im Anhang beschrieben eine Fischfarce herstellen. Diese durch ein Haarsieb streichen, mit den Gemüsewürfeln vermischen und mit etwas Pernod sowie Pfeffer und Salz abschmecken.
Fischstücke würzen, mit Fischfarce dünn bestreichen und mit etwas Abstand auf den Frühlingsrollenteig setzen. Die Ränder mit etwas wasserverdünntem Eigelb bestreichen, alles mit einem zweiten Teigblatt abdecken, leicht andrücken und mit einem Messer in gleich große Stücke schneiden.
Chicorée mit einem Tuch trockentupfen, in etwas Butter von beiden Seiten anbraten und mit 100 ml der Orangen-Fischreduktion angießen. Abgedeckt 5 Min. köcheln.
In der Zwischenzeit die eingehüllten Steinbuttfilets in geklärter Butter goldbraun anbraten. Chicorée auf vorgewärmte Teller verteilen. Den Rest der Orangen-Fischfondreduktion und den Chicoréesud in einer Kasserolle erhitzen, 100 g Butterwürfel unterrühren und mit dem Rührstab aufschäumen. Mit Salz, Zucker und etwas Grand Marnier abschmekken, über den Chicorée geben und die Steinbuttmedaillons darauf anrichten. Mit Reis und gerösteten Pinienkernen servieren. J.M.

Weinempfehlung: Ein mit Frucht und Rückgrat ausgestatteter Chardonnay, z.B. ein reifer Pouilly Fuissé „Cuvée Hors-Classé“ von der Domaine Ferret.

Schwarzwälder Bachforelle blau

Vorbereitung 20 Min.
Garzeit 25 Min.
4 Bachforellen (à 400 – 500 g)
1 kl. Stück Sellerieknolle
1 kl. Stück Karotte
1 Zwiebel
1 Bouquet garni
3 EL Weißweinessig

Für die Sauce
250 ml trockener Riesling
1 EL Weißweinessig
4 Eigelb
400 g Butter
Salz, weißer Pfeffer

Die Bachforellen, man erkennt sie an den charakteristischen roten Punkten, ausnehmen und unter fließendem Wasser innen ausspülen. Außer der Schwanzflosse alle Flossen mit einer Schere abschneiden.

In einer Kasserolle mit möglichst großem Durchmesser ca. 4 l kräftig gesalzenes Wasser zum Kochen bringen. Währenddessen Sellerie und Karotten putzen und grob zerteilen. Die geschälte Zwiebel halbieren. Das vorbereitete Gemüse, Bouquet garni und 3 EL Essig in das Wasser geben, 8 – 10 Min. sieden lassen. Nun erst die Forellen vorsichtig in den Sud geben und 10 – 12 Min. ziehen lassen, dabei nicht kochen. Zunächst den Deckel auflegen, da sich die Fische noch stark bewegen können.

Für die Sauce hollandaise den Wein und 1 EL Essig reduzieren und mit weißem Pfeffer würzen. Im Wasserbad mit dem Eigelb zu einer Crème aufschlagen. Die zerlassene, noch warme Butter nach und nach unterrühren, nochmals abschmecken.

Die Forellen mit der Schaumkelle herausheben, zum Filieren zuerst am Hals einen Rundschnitt machen. Den Fisch der Länge nach auf dem Rückgrat einschneiden. Die Haut vom Rücken zum Bauch hin abziehen. Falls auf dem Filet dunkles Fett sitzt, muß es heruntergeschabt werden. An Kopf- und Schwanzende unter das Filet fahren und dieses vorsichtig abheben. Anschließend den Fisch säubern und die Gräten entfernen. Das untere Filet umdrehen und die Haut abnehmen. Die Filets mit Salzkartoffeln und der Sauce hollandaise servieren. C.B.

Weinempfehlung: Ein im Sortenbukett sehr dezenter Müller-Thurgau oder Rivaner, ein Silvaner oder auch ein Riesling.

HÖR AUF SCHON WIEDER ZU SIMULIEREN!

Hechtschaumklösschen mit Champignons und Dillsauce

Vorbereitung 45 Min.
Garzeit 8 Min.
400 g frisches Hechtfilet
ohne Haut und Gräten
400 g Champignons
600 g Blattspinat
1 kl. Schalotte
Butter
2 Eiweiß
400 ml Sahne
2 EL geschlagene Sahne
10 ml Pernod
10 ml Noilly Prat
Fischfond oder Wasser
300 ml Fischgrundsauce
(siehe Anhang)
1 kl. Bund Dill
Cayennepfeffer
Salz, Pfeffer

Aus dem Hechtfleisch und der sehr kalten Sahne wie im Anhang beschrieben eine Farce herstellen. Mit Pernod und Noilly Prat abschmecken.

Mit einem Löffel eiergroße Klößchen abstechen. Diese bei ca. 90° in Fischfond oder leicht gesalzenem Wasser 8 Min. garen. Der Fond darf dabei nicht kochen.

Währenddessen die Champignons waschen, in Scheiben schneiden und mit der feingehackten Schalotte in Butter anschwitzen. Abschmecken, die Fischgrundsauce zugeben und mit gehacktem Dill und geschlagener Sahne verfeinern.

Den Spinat waschen, blanchieren und in einer gebutterten Pfanne erhitzen. Hechtklößchen auf dem warmen Blattspinat anrichten, mit der Champignonsauce überziehen und mit Reis servieren. J.M.

Weinempfehlung: 2 – 3 Jahre alten Riesling von der Nahe, z.B. Langenlonsheimer Königsschild Riesling Spätlese trocken, Weingut im Zwölberich von Hartmut Heintz.

Bodenseeäsche auf Müllerinart mit Mandeln

Vorbereitung 30 Min.
Garzeit 20 Min.
4 Äschen (à 300 g)
150 g ungeschälte Mandeln
100 g Mehl
130 g Butter
1 ungespritzte Zitrone
Petersilie
Salz, weißer Pfeffer

Die Mandeln in Wasser etwa 1 Min. sprudelnd kochen lassen, in einem Sieb mit kaltem Wasser abschrecken. Aus der Haut drücken und blättrig aufschneiden.
Die Fische ausnehmen, Flossen abschneiden und gründlich ausspülen. Die abgetrockneten Fische innen und außen würzen. Unmittelbar vor dem Braten in Mehl wenden, das Mehl mit der flachen Hand festklopfen.
In einer großen Pfanne 80 g Butter erhitzen, die Fische darin bei milder Hitze 6 – 8 Min. braten, dann wenden. Die Unterseite muß gebräunt sein, sonst brechen die Fische. Weitere 6 – 8 Min. braten. Aus der Pfanne nehmen, warmhalten. Die restliche Butter in der Pfanne erhitzen, die Mandeln darin unter Wenden goldbraun werden lassen.
Die Fische auf einer vorgewärmten Platte anrichten, mit den Buttermandeln übergießen, mit Zitronenscheiben garnieren und mit Petersilie bestreuen. Mit Dampfkartoffeln servieren. C.B.

Weinempfehlung: Ein reifer, im Bukett dezenter Riesling oder ein Weißwein aus der Burgunderfamilie.

HIER FISCHT DER KOCH PERSÖNLICH.

Seeteufelrücken mit Kräutern der Provence in Balsambutter

Vorbereitung 45 Min.
Garzeit 10 Min.
1,0 kg gehäuteter Seeteufelrücken
3 Knoblauchzehen
100 g Butter
Weißbrotkrumen
etwas Mehl
300 ml Fischfond
4 EL Balsamessig
100 ml Weißwein
Olivenöl
Petersilie
Thymian
2 Zweige Rosmarin
2 Zweige Salbei
1 Prise Zucker
Salz, Pfeffer

Für die Balsambutter zunächst die Hälfte der Butter in einer sehr heißen Pfanne kurz bräunen, eine gequetschte Knoblauchzehe, etwas Rosmarin und Salbei dazugeben. Mit dem Fischfond und Balsamessig ablöschen, auf die Hälfte reduzieren und passieren.
Petersilie, Rosmarin, Thymian und Salbei sehr fein hacken und mit den Weißbrotkrumen vermengen.
Den Seeteufel in 4 Stücke schneiden, mit Salz und Pfeffer würzen, mit Mehl bestäuben und in Olivenöl von allen Seiten anbraten. Mit der Brot-Kräuter-Mischung bedecken und etwas Butter darüberträufeln. Zwei halbierte Knoblauchzehen, 1 Rosmarinzweig, einige Salbeiblätter und Thymian zum Fisch geben und bei 180° ca. 6 Min. im Ofen garen. Herausnehmen und warmhalten. Kräuter und Knoblauch beiseite stellen.
Den Bratensatz mit etwas Weißwein lösen und durch ein Sieb unter die Balsambutter rühren. Die Sauce mit einer Prise Zucker und Salz abschmecken und mit der restlichen Butter, die kalt sein sollte, montieren.
Den Fisch auf vorgewärmten Tellern anrichten, die beiseite gestellten Kräuter und Knoblauch darübergeben. Sauce über den Fisch geben und mit Broccoliröschen und Kartoffeln servieren. J.M.

Weinempfehlung: Reifer, gehaltvoller Grauburgunder aus Baden, z.B. Müllheimer Sonnhalde Spätlese oder Auslese trocken von Hermann Dörflinger.

GEFÜLLTE TINTENFISCHCHEN NIÇOISE

Vorbereitung 45 Min.
Garzeit 20 Min.
32 kl. Tintenfischchen
5 Tomaten
1 Zucchini
1 rote Paprikaschote
1 Aubergine
3 Schalotten
3 Knoblauchzehen
60 ml Olivenöl
1 Zweig Thymian
8 Blatt Basilikum
Salz, Pfeffer

Die Tintenfischchen waschen und säubern. Die Tomaten enthäuten, entkernen und in kleine Würfel schneiden. Zucchini, Paprikaschote und Aubergine ebenfalls in kleine Würfel schneiden. Schalotten und Knoblauch feinhacken und in etwas Olivenöl anschwitzen. Das Gemüse und etwas später die Hälfte der Tomatenwürfel dazu geben und kurz anschwenken, mit Salz und Pfeffer abschmekken.
Die Tintenfischchen mit dieser Masse füllen, nötigenfalls mit einem Zahnstocher zusammenstecken. In eine passende Auflaufform legen, die restlichen Tomaten, Thymian und Olivenöl zugeben, würzen, mit Alufolie abdecken und bei 180 – 200° im vorgeheizten Ofen ca. 15 Min. garen. Ca. 2 – 3 Min. vor Beendigung der Garzeit das geschnittene Basilikum darüberstreuen. C.B.

Weinempfehlung: Ein kräftiger, milder, aber nicht etwa süßer Wein aus der Burgunderfamilie.

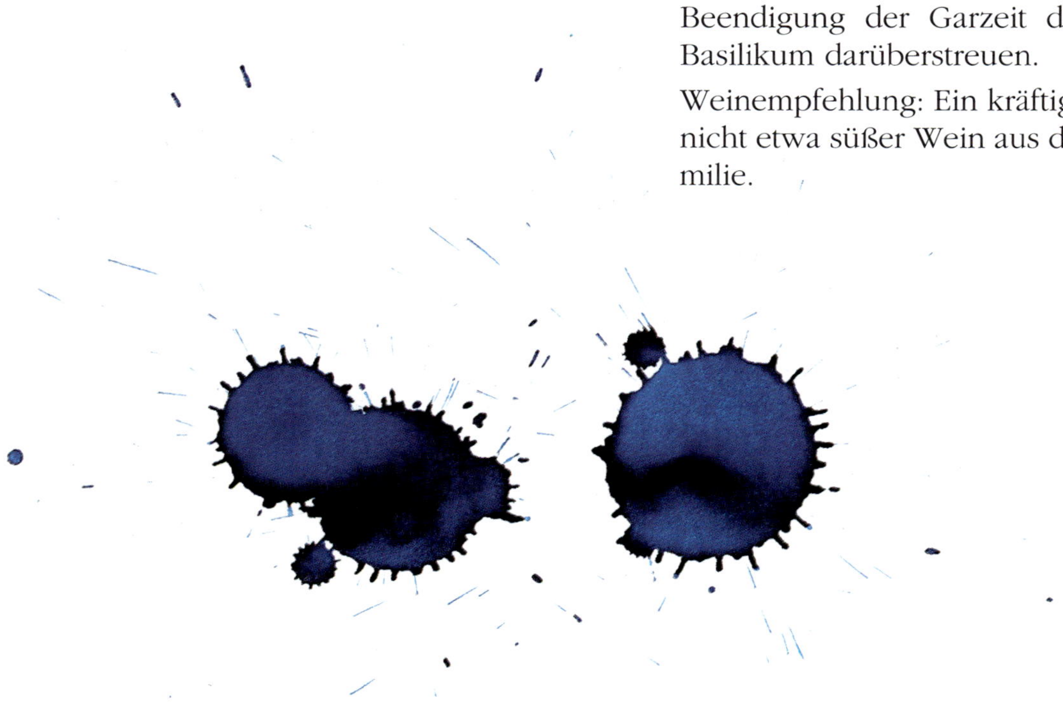

Flusskrebse im Sud

Vorbereitung 30 Min.
Garzeit 10 Min.
60 Flußkrebse
1/2 Fenchel
1 gr. Karotte
2 Stangen Sellerie
5 Schalotten
1 Stange Lauch
2 Knoblauchzehen
2 Tomaten
2 kl. Stückchen Pepperoni
2 Lorbeerblätter
2 Nelken
1,5 l Wasser
1,5 l trockener Weißwein
2 Thymianzweige
einige Petersilienstengel
einige Kerbelstengel
4 Basilikumblätter
6 Estragonblätter
Salz, Pfeffer

Den Fenchel in dünne Streifen schneiden, das andere Gemüse und den Knoblauch in dünne Scheiben. Vom Lauch nur den weißen bis hellgrünen Teil verwenden. Die Tomate enthäuten, entkernen und grob würfeln. Alle Zutaten bis auf die Kräuter ca. 5 Min. im Wasser und Wein kochen, mit Salz und Pfeffer abschmecken.

Die Krebse in den kochenden Sud geben und wiederum zum Kochen bringen. Noch 5 Min. leise köcheln, herausnehmen.

Petersilie und Kerbel kleinzupfen, Basilikum und Estragon kleinschneiden. Alle Kräuter in den Sud geben.

Vor dem Servieren der Krebse die Schalen vom Schwanz entfernen und den Darm herausnehmen. Darauf achten, daß der Schwanz am Körper bleibt. Auf einer Platte anrichten, das Gemüse darüberlegen und mit etwas Sud übergießen. C.B.

Weinempfehlung: Denselben leichten, aber charaktervollen Wein servieren, der für den Sud verwendet wurde.

Rotbarbenfilets auf geschmortem Fenchel mit schwarzen Oliven

Vorbereitung 1 Std.
Garzeit 10 Min.
1 kg Rotbarben
500 g Fenchelknollen
1 Schalotte
1 Knoblauchzehe
80 g schwarze Oliven
100 g Butter
200 ml Weißwein
Wasser
2 EL Balsamessig
2 EL Olivenöl
1 Zweig Thymian
1 Zweig Rosmarin
Salz, Pfeffer

Rotbarben schuppen, filieren und noch vorhandene Gräten mit einer Pinzette ziehen. Die Filets kühl stellen, Fischköpfe und Gräten kurz wässern. Die Fenchelknollen in 2 – 3 mm dicke Scheiben schneiden, die Abschnitte beiseite stellen.

Für die Sauce die feingehackten Schalotten und Knoblauch in einer Kasserolle mit etwas Butter anschwitzen, dazu die abgetropften Fischabschnitte, Fenchelreste, Thymian und Pfeffer geben. Mit Wein und 500 ml Wasser ablöschen, 15 Min. bei kleiner Flamme köcheln und durch ein Haarsieb passieren. Auf ein Drittel einkochen, etwa 100 ml abnehmen und beiseite stellen. Den Rest mit Salz und Balsamessig abschmecken. Die Fischsauce je nach Konsistenz mit einigen kalten Butterstückchen montieren.

Währenddessen die vorbereiteten Fenchelscheiben in Olivenöl anschwitzen, mit Salz und Pfeffer würzen, mit dem beiseite gestellten Fischsud ablöschen und abgedeckt weich dünsten. Die Rotbarbenfilets würzen, in Olivenöl von beiden Seiten kurz anbraten, in etwas Butter mit Rosmarin und den Oliven nachbraten.

Die Fenchelscheiben auf den Tellern verteilen, die Fischfilets und Oliven darauf anrichten und mit der Sauce überziehen. Mit gedünsteten Tomatenwürfeln und Petersilienkartoffeln servieren. J.M.

Weinempfehlung: Gehaltvoller, reifer Chardonnay aus dem Burgund, z.B. ein sehr guter Jahrgang von Corton Charlemagne.

Seezungenfilet Royale

Vorbereitung 45 Min.
Garzeit 15 Min.
4 Seezungenfilets (à 125 g)
4 gr. Langustinen
4 Spinatblätter
4 weiße Champignons
4 EL Fischfarce mit Safran (siehe Anhang)
100 ml Fischfond
3 EL Crème fraîche
40 ml Champagner
1 EL Olivenöl
Salz, Pfeffer

Die Seezungenfilets mit den kurz blanchierten Spinatblättern belegen, dick mit der Farce bestreichen und zusammenklappen. Dabei notfalls mit einem Zahnstocher fixieren, der vor dem Servieren wieder entfernt wird. Die Seezungen mit den Champignons auf eine feuerfeste Platte legen, den Fischfond darübergießen, leicht würzen und bei 180° ca. 5 Min. im Ofen garen.
Für die Sauce den Garfond in eine Kasserolle passieren, Crème fraîche zugeben, einige Minuten auf die gewünschte Konsistenz reduzieren. Kurz vor dem Anrichten den Champagner zugeben, nachwürzen falls nötig.
Den rohen Langustinenschwanz vom Körper trennen und vom Panzer lösen, Darm entfernen. Den Körper mit den Scheren ca. 5 Min. im Wasser kochen. Den Langustinenschwanz in Olivenöl anbraten, mit Salz und Pfeffer würzen.
Das Seezungenfilet auf einem vorgewärmten Teller anrichten, den Langustinenkörper anlegen. Mit der Sauce überziehen und den Pilzen garnieren. Als Beilage wilden Reis reichen. C.B.

Weinempfehlung: Ein süffiger Silvaner oder einen reifen, aber noch frischen Riesling. Wer kräftiger würzt, nimmt einen Grauburgunder oder Chardonnay, auch aus dem Barrique.

DIE SEEZUNGE IST LEIDER AUSGEGANGEN,
ABER DAS WIRD IHNEN AUCH SPASS MACHEN!

Spaghetti mit Herzmuscheln und Algen

Vorbereitung 45 Min.
Garzeit 10 Min.
1 kg Herzmuscheln
2 Fleischtomaten
100 g Passe-Pierre-Algen
2 Karotten
1/2 Knolle Fenchel
1 kl. Bund Frühlingszwiebeln
1 gr. Knoblauchzehe
1 kl. Pepperoni
6 EL Olivenöl
200 ml Weißwein
200 ml Fischfond oder Wasser
1 Spritzer Pernod
250 g Spaghetti
Thymian
1 kl. Bund glatte Petersilie
1 EL Parmesan
Salz, Pfeffer

Muscheln putzen und waschen. Die Tomaten häuten und würfeln, Karotten und Fenchel putzen und ebenfalls würfeln, die Zwiebeln schräg in Ringe schneiden. Die Algen putzen, blanchieren und zusammen mit den grünen Zwiebelringen beiseite stellen.

In einer Kasserolle das andere Gemüse zusammen mit dem feingehackten Knoblauch, dem weißen Teil der Zwiebeln und der entkernten, feingeschnittenen Pepperoni im Olivenöl anschwitzen. Die Muscheln zugeben, mit Wein und Fond ablöschen. Abgedeckt ca. 5 Min. köcheln, mit Pernod abschmecken.

Währenddessen die Spaghetti mit etwas Öl in reichlich kochendem Salzwasser etwa 8 Min. nicht zu weich garen. Abseihen und kurz kalt abschrecken.

Die Nudeln mit den beiseite gestellten Algen und Zwiebeln unter die Muscheln heben und den feingehackten Thymian und Petersilie dazugeben. Auf vorgewärmten Tellern anrichten und mit etwas geriebenem Parmesan bestreuen. J.M.

Weinempfehlung: Riesling Kabinett mit mittlerer Säure aus Franken.

Lachsrosette in Schnittlauchbutter

Vorbereitung 20 Min.
Garzeit 5 Min.
700 g Lachsfilet
20 g Kaviar (nach Wunsch)
2 Schalotten
3 EL trockener Weißwein
33 EL Sahne
200 g Butter
Kräuter (Kerbel, Estragon,
Basilikum)
Schnittlauch
Salz, Pfeffer

Das enthäutete und entgrätete Filet in ca. 3 mm dicke Scheiben schneiden. Die rohen Scheiben in Rosettenform auf den Teller legen, salzen und pfeffern und mit etwas gehackten Kräutern bestreuen. Im Ofen bei 200° ungefähr 4 – 5 Min. backen. Der Lachs soll nur außen angegart sein.
Für die Schnittlauchsauce wird die feingehackte Schalotte mit dem Weißwein reduziert. Die flüssige Sahne dazugeben und leicht köcheln. Die handwarme Butter nach und nach unterschlagen, so daß eine schaumige Sauce entsteht. Salzen und pfeffern. Vor dem Anrichten den fein geschnittenen Schnittlauch zugeben. Die Rosette wird mit dem Kaviar garniert und mit der Sauce umgeben. C.B.

Weinempfehlung: Ein fein-säurefrischer, 2 – 3jähriger Weißburgunder, oder auch ein kräftiger, säurebetonter Silvaner. Leichtere Jahrgänge von Grauburgunder und Chardonnay sowie artähnliche Rieslinge sind nicht ausgeschlossen.

Steinbeisser auf Ratatouillecrème mit gebratenen Zucchini

Die beiden Paprikaschoten vierteln, Kerne entfernen, waschen. Je zwei schöne Mittelstücke aussuchen, schälen und in Würfelchen schneiden, beiseite stellen.
Eine kleine Zucchini, die Tomaten und Paprikareste kleinschneiden, mit der gehackten Schalotte und Knoblauch in etwas Olivenöl anschwitzen. Mit Fischfond ablöschen und weichkochen. Fein pürieren, anschließend durch ein Haarsieb streichen, mit etwas Sahne verkochen und abschmecken. Die Paprikawürfel in Butter weichdünsten.
Den Fisch in 12 Medaillons schneiden, würzen und in Mehl wenden. In 6 EL Olivenöl goldbraun anbraten und zuletzt mit Thymian würzen.
Die beiden anderen Zucchini in 3 mm dicke Scheiben schneiden, ebenfalls würzen, in Mehl wenden und in 4 EL Olivenöl anbraten. Warmhalten.
Die Ratatouillecrème mit dem Rührstab schaumig rühren, an die Zucchini geben, darüber die Paprikawürfel streuen. Die Steinbeißermedaillons darauf anrichten. J.M.

Weinempfehlung: Kräftiger badischer Weißherbst, trocken bis halbtrocken.

Vorbereitung 45 Min.
Garzeit 10 Min.
720 g Steinbeißerfilet
1 rote Paprikaschote
1 gelbe Paprikaschote
2 Tomaten
3 Zucchini
1 Schalotte
1 Knoblauchzehe
40 g Butter
Mehl
Olivenöl
300 ml Fischfond (siehe Anhang)
100 ml Sahne
etwas Thymian
Salz, Pfeffer

Merlanfilet auf Wiener Art mit Bärlauchsauce

Vorbereitung 30 Min.
Garzeit 20 Min.

- 12 – 16 Merlanfilets (700 – 800 g)
- 8 – 12 Champignons
- 3 Stangen Sellerie
- 3 kl. Schalotten
- etwas Mehl
- 2 Eier
- feines Weißbrot-Paniermehl
- 80 g Butter
- 250 ml Fischfond (siehe Anhang)
- 150 ml trockener Weißwein
- 60 ml Sahne
- 3 EL geschlagene Sahne
- etwas Petersilie
- 6 Blätter Bärlauch
- Salz, Pfeffer

Fischfond und Weißwein mit den kleingewürfelten Pilzen, den in Scheiben geschnittenen Schalotten und der gehackten Petersilie auf die Hälfte einkochen.
Währenddessen die Bärlauchblätter in feine Streifen schneiden. In die reduzierte Sauce die flüssige Sahne und den Bärlauch geben, kurz aufkochen. Anschließend die geschlagene Sahne unterrühren, wenn nötig abschmecken.
Die Merlanfilets würzen, zunächst in Mehl, dann im Ei wenden, leicht panieren und abklopfen. Die Butter in einer Pfanne erhitzen und die Filets ca. 2 Min. von jeder Seite goldbraun braten.
Den Sellerie putzen, in feine Streifen schneiden und dämpfen. Aus den Selleriestreifen ein Bett auf den Tellern anrichten, die Merlanfilets darauf legen und die Sauce um den Fisch geben. C.B.

Weinempfehlung: Ein reifer, aber noch frischer, 2 – 3 Jahre alter Weißburgunder. Oder ein leichter Grauburgunder im selben Alter oder auch etwas jünger. Auch ein reifer Riesling ohne besonders ausgeprägten Bodenton.

SIEBECK IN PERFEKTER VERKLEIDUNG

HUMMER-POT-AU-FEU
MIT KLEINEN GEMÜSEN

Vorbereitung 45 Min.
Garzeit 25 Min.
2 Hummer à 500 – 600 g
1 Karotte
1/2 Fenchelknolle
2 Tomaten
1 Stange Sellerie
1/2 Stange Lauch
4 Schalotten
2 Knoblauchzehen
1 TL Tomatenmark
50 g Hummerbutter (siehe Anhang)
250 ml Sahne
200 ml Crème fraîche
einige Butterwürfelchen
40 ml Sherry
2 EL geschlagene Sahne
2 EL Olivenöl
40 ml Cognac
200 ml trockener Weißwein
1 l Fischfond
1 Zweig Rosmarin
1 kl. Bund Thymian
1 Zweig Estragon
Gemüse je nach Jahreszeit
Baguette
Salz, Pfeffer

Hummer in reichlich kochendem Salzwasser 8 Min. garen und in Eiswasser abkühlen. Fleisch vorsichtig aus Schwanz, Scheren und Gelenken brechen und abgedeckt kühl stellen.

Die Karkassen zerkleinern und in Hummerbutter und Olivenöl anbraten. Gemüse putzen, waschen, in kleine Stücke schneiden und zu den Hummerkarkassen geben. Mit den gehackten Schalotten und Knoblauch gut anrösten, Tomatenmark zugeben, mit der Hälfte des Cognacs flambieren und mit Weißwein und Fischfond auffüllen. Aufkochen, Rosmarin, Thymian und Estragon zugeben, abgedeckt 15 Min. ziehen lassen, anschließend passieren, dabei die Karkassen gut ausdrücken. Den Hummerfond mit Sahne und Crème fraîche verkochen, mit Sherry, Cognac, Salz und Pfeffer abschmecken, mit geschlagener Sahne abrunden.

Für die Garnitur können je nach Jahreszeit Broccoliröschen, Blumenkohl, Zuckerschoten, kleine Karotten, Kohlrabi und Frühlingszwiebeln verwendet werden. Das Gemüse Ihrer Wahl putzen, waschen und im kochenden Salzwasser garen.

Die Suppe mit dem Rührstab und einigen Butterwürfelchen schaumig rühren. Das Hummerfleisch in der Suppe vorsichtig erwärmen, dabei nicht kochen. In tiefen Tellern anrichten und mit den Gemüsen garnieren. Mit frischem Baguette servieren. J.M.

Weinempfehlung: Badischer Ruländer mit Prädikat Spätlese bis Auslese, z.B. Ihringer Winklerberg von Dr. Heger.

DER ALPTRAUM

Steinbutt in Beurre blanc mit grünen Linsen

Das Steinbuttfilet enthäuten und parieren, in vier gleich große Portionen schneiden. Die Linsen (sie brauchen vorher nicht eingeweicht zu werden) in leicht gesalzenem Wasser ca. 20 Min. kochen. Die Saubohnen schälen und pellen, die Karotte in rautenförmige Scheiben schneiden, separat in Salzwasser garen.
Währenddessen die Beurre blanc wie im Anhang beschrieben herstellen.
Für den Sud den Wein mit 400 ml Wasser und dem Bouquet garni 15 Min. kochen und passieren. Anschließend den Steinbutt je nach Dicke ca. 5 Min. im passierten Sud pochieren.
Die feingehackte Schalotte in Butter anschwitzen, das Gemüse und die Beurre blanc zugeben, mit Salz und Pfeffer abschmecken.
Das Gemüse auf der Tellermitte verteilen, den Steinbutt darauf legen und mit der Sauce überziehen. Mit Kerbel garnieren. C.B.

Weinempfehlung: Ein frischer, aber kräftiger weißer Burgunder vom Kaiserstuhl.

Vorbereitung 30 Min.
Garzeit 25 Min.
500 g Steinbuttfilet
4 EL grüne Linsen
24 Saubohnen
1 kl. Karotte
1 Bouquet garni
1 Schalotte
10 g Butter
200 ml trockener Weißwein
etwas Kerbel
Salz, Pfeffer
Für die Beurre blanc
4 kl. Schalotten
150 ml trockener Weißwein
150 g Butter

MEERÄSCHENFILET MIT EGERLINGSCHUPPEN

Vorbereitung 1 Std.
Garzeit 6 Min.

480 g Meeräschenfilet ohne Haut und Gräten
250 g Egerlinge (rosa Champignons)
1 EL geschlagene Sahne
50 g Butter
geklärte Butter
1 EL Weißbrotkrumen
Tafelöl
250 ml Fischgrundsauce
1 Spritzer trockener Sekt
2 Blätter Mangold
Salz, Pfeffer

Für die Farce
100 g Zanderfilet
100 g Sahne
1/2 Eiweiß

Aus dem Zanderfilet, der Sahne und dem Eiweiß wie im Anhang beschrieben eine Farce herstellen.

Die Champignons waschen und trockentupfen, acht schöne, kleine Pilze aussuchen und beiseite stellen. Die restlichen Pilze in kleine Würfel schneiden und in etwas Öl anschwitzen. Würzen und auf Küchenpapier abkühlen lassen.

Den Fisch in acht gleich große Stücke schneiden und würzen. Die kalten Champignonwürfelchen mit der Farce mischen und die Fischstücke damit auf einer Seite bestreichen. Die beiseite gestellten Pilze in dünne Blättchen schneiden, schuppenartig auf die bestrichenen Fischstücke legen und leicht andrükken. In der heißen geklärten Butter zunächst vorsichtig auf der Pilzseite anbraten, dann wenden und auf der anderen Seite anbraten. Einige Brotkrumen über die Pilze streuen, mit etwas halbflüssiger Butter beträufeln und im Backofen bei 180° ca. 6 Min. fertiggaren.

Die Fischgrundsauce erhitzen, mit einem Spritzer Sekt abschmecken und mit der geschlagenen Sahne verfeinern. Währenddessen die Mangoldblätter in streichholzgroße Streifen schneiden und in Salzwasser blanchieren. Die Streifen auf vorgewärmten Tellern verteilen, mit der Sauce überziehen und die Fische darauf anrichten. Mit Reis oder Kartoffeln servieren. J.M.

Weinempfehlung: Trockener weißer Burgunder, z.B. ein 4 – 5jähriger Chablis Grand Cru Les Clos von A. Regnard.

Petersfisch in Kartoffelkruste mit Pfifferlingsragout

Vorbereitung 45 Min.
Garzeit 10 Min.

- 800 g Petersfischfilet
- 600 g Pfifferlinge
- 3 gr. Kartoffeln
- 2 kl. Schalotten
- 200 g Butter
- 100 ml geschlagene Sahne
- Kräuter (2 Zweige Kerbel, 5 Blatt Basilikum, 1 Zweig Estragon, etwas Thymian)
- Petersilie
- Salz, Pfeffer

Die Filets enthäuten und entgräten. In vier Portionen aufteilen, mit Salz und Pfeffer würzen. Die geschälten rohen Kartoffeln der Länge nach in möglichst große, hauchdünne Scheiben schneiden. Die Scheiben leicht salzen, auf etwas Folie leicht überlappend nebeneinanderlegen, so daß eine Kartoffelmatte entsteht. Durch die Stärke bleiben die einzelnen Kartoffelscheiben aneinander haften. Reichlich mit den grob gehackten Kräutern bestreuen und den Fisch mit der Kartoffelmatte einschlagen. Folie entfernen.

Für das Pfifferlingsragout wird die fein gehackte Schalotte in einer Kasserolle mit 30 g Butter angeschwitzt. Die geputzten, gewaschenen Pfifferlinge zugeben, mit Salz und Pfeffer würzen und reduzieren. Die fein gehackte Petersilie und die geschlagene Sahne untermischen, leicht erhitzen, jedoch nicht mehr kochen.

Währenddessen die restliche Butter in einer Pfanne leicht erhitzen und die vorbereiteten Filets darin langsam goldbraun braten.

Das Pilzragout auf vorgewärmten Tellern verteilen und die Fischfilets daneben anrichten.

C.B.

Weinempfehlung: Die Kartoffelkruste ruft nach einem kräftigen, doch dezenten Begleiter, einem Weiß- oder Grauburgunder aus dem Barrique, vorausgesetzt, der Holz-Vanilleton bleibt bescheiden im Hintergrund.

WENN FISCH, DANN NUR GUMMIHAI
MIT VIEL POMMES FRITES!

Pochierte Lachsschnitte in Nudelteig auf Kerbelsauce

Vorbereitung 1 Std.
Garzeit 10 Min.
600 g Lachsfilet ohne Haut und Gräten
2 EL feine Gemüsewürfelchen (Karotte, Lauch, Fenchel)
50 g Spinat
1 Eiweiß
1 Eigelb
120 g Sahne
1 Spritzer Noilly Prat
250 g Nudelteig
Butter

Für die Sauce
200 ml Fischfond (siehe Anhang)
200 ml Sahne
2 kl. Bund Kerbel
1 Spritzer trockener Sekt
Salz, Pfeffer

Aus dem Lachsfilet vier ca. 110 g schwere, gleichmäßige Stücke schneiden.
Aus den restlichen Fischabschnitten und der gut gekühlten Sahne wie im Anhang beschrieben eine Farce herstellen und mit Noilly Prat abschmecken. Währenddessen Karotte, Lauch und Fenchel fein würfeln, in Salzwasser kurz blanchieren, kalt abschrecken und zum Abtropfen auf ein Tuch geben. Die Farce mit den blanchierten Gemüsewürfeln verrühren.
Den Spinat blanchieren und zu einer Spinatmatte auslegen. Den Nudelteig in zwei dünne, ca. 12 cm breite Bahnen ausrollen. Die Fischstücke würzen, von beiden Seiten mit der Farce bestreichen und mit der Spinatmatte umwickeln. Nochmals mit Farce bestreichen und mit ca. 3 – 4 cm Abstand auf eine Nudelbahn legen. Die Teigränder mit etwas wasserverdünntem Eigelb bestreichen, die zweite Nudelbahn vorsichtig darüberlegen. Die Ränder gut andrücken und mit einem Teigrad oder Messer trennen.
Die Teigtaschen in kochendem Salzwasser 5 – 6 Min. garen. Herausnehmen, mit zerlassener Butter bepinseln und abgedeckt auf einer warmen Platte 5 Min. ruhen lassen.
Für die Kerbelsauce währenddessen den Fischfond und die Sahne auf zwei Drittel reduzieren, den gewaschenen, fein gehackten Kerbel unter die Sauce geben und kurz aufkochen. Einige Butterstückchen (50 g) zugeben und im Mixer fein pürieren. Die Sauce mit Salz, Pfeffer und einem Spritzer Sekt abschmecken. Die Teigtaschen in zwei bis drei Scheiben schneiden und auf der Sauce anrichten. J.M.

Weinempfehlung: Trockener, gehaltvoller Smaragdriesling aus der Wachau vom Weingut F. X. Pichler.

Goldbrasse aus der Hülle

Vorbereitung 20 Min.
Garzeit 30 Min.
600 g Goldbrassenfilet
8 Kartoffeln
2 kl. Paprikaschoten
4 Tomaten
1 gr. Zwiebel
4 Knoblauchzehen
40 ml Olivenöl
1 Ei
4 kl. Thymianzweige
4 kl. Rosmarinzweige
4 kl. Petersilienstengel
4 Stück Backpapier
(30 x 35 cm)
Salz, Pfeffer

Für diese Zubereitung ist jeder Fisch mit festem Fleisch geeignet, z. B. auch Seeteufel oder Empereur. Im Sommer kann man das Gericht auch auf dem Grill zubereiten. Hierbei muß jedoch statt des Pergamentpapiers Alufolie verwendet werden.

Die Kartoffeln, Knoblauchzehen, Paprikaschoten und Zwiebel in dünne Scheiben schneiden, die Tomaten in etwas dickere. Den Fisch in vier Portionen teilen.

Die gewürzten Kartoffeln auf die Mitte der Papierstücke verteilen, Zwiebeln, Paprika, Fisch, Tomaten, Knoblauch und Kräuter in dieser Reihenfolge auf die Kartoffeln schichten, mit Olivenöl beträufeln, salzen und pfeffern. Mit dem Eigelb den Rand des Papiers bestreichen und zu einer Tasche falten. Dabei den Rand mehrmals umschlagen und jeweils mit Eigelb verschließen. Im Ofen bei 180° ca. 20 – 30 Min. garen. C.B.

Weinempfehlung: Alle Weißweinarten mit dezentem Bukett, mit mehr oder weniger Fülle und unterschiedlichen Alters. Auch jüngere, aber wenigstens leicht abgerundete Barriqueweine sind akzeptabel.

Finkenwerder Scholle mit Speck

Vorbereitung 15 Min.
Garzeit 10 Min.
4 frische Nordseeschollen (à 400 g)
120 g geräucherter Speck
Mehl
60 g Butter
4 EL Tafelöl
Salz, Pfeffer

Die Schollen säubern, waschen und trockentupfen. Der Länge nach parallel zum Rückgrat und dem Flossenkranz mit einem scharfen Messer dreimal die Haut einschneiden. Schollen würzen, in Mehl wenden und von beiden Seiten in Öl gut anbraten.
Das Öl abgießen, Butter und den feingewürfelten Speck zugeben und im vorgeheizten Backofen bei 180° ca. 8 Min. garen. Mit Kartoffelsalat servieren. J.M.

Weinempfehlung: Junger trockener Silvaner aus Franken, z.B. vom Bürgerspital zum Heiligen Geist in Würzburg.

Ying und Yang mit Trüffeln und Langustinen

Vorbereitung 15 Min.
Garzeit 5 Min.
8 gekochte Langustinenschwänze
1 – 2 Piemont-Trüffeln
1 – 2 Perigord-Trüffeln
20 ml Olivenöl
40 ml Trüffelfond
40 ml reduzierter Geflügelfond
Salz, Pfeffer

Die rohen, in feine Scheiben geschnittenen Trüffeln in Ying-und-Yang-Form auf den Tellern anrichten und leicht würzen. Die Langustinen würzen und in Olivenöl kurz anbraten. Währenddessen die Trüffeln auf den Tellern im Ofen ganz leicht anwärmen. Nicht zu lange im Ofen lassen, da sie sonst austrocknen. Die Langustinen auf den Trüffeln anrichten. Den Bratensatz mit Trüffelfond und Geflügelfond ablöschen und den Fond über die Trüffeln träufeln. C.B.

Weinempfehlung: Reife Grau- oder Weißburgunder aus dem Barrique.

Stubenküken mit Flusskrebsen auf Kaiserschoten

Krebse in reichlich Salzwasser 3 Min. kochen, Schwänze und Scheren ausbrechen und im etwas abgekühlten Kochfond beiseitestellen. Für die Sauce die Krebskarkassen zerkleinern. Lauch, Sellerie, Karotten und Tomaten waschen, putzen und in kleine Stücke schneiden. In einer Kasserolle die Hälfte der Butter erhitzen, feingehackte Schalotten und Knoblauch, Krebskarkassen, Gemüse und Kräuter darin anschwitzen, Tomatenmark zugeben und mit Wein und Fischfond ablöschen. Auf kleiner Flamme 15 Min. köcheln. Durch ein Haarsieb passieren, Portwein und Sherry zugeben, anschließend auf ca. 200 ml reduzieren. Sahne einrühren, mit Salz, Pfeffer und einem Spritzer Cognac abschmecken.

Währenddessen die Küken würzen, in Öl von allen Seiten anbraten und im vorgeheizten Backofen ca. 15 Min. bei 180° garen. Die Kaiserschoten putzen, in kräftig gesalzenem Wasser kurz blanchieren und in dünne Streifen schneiden. Die Kaiserschotenstreifen in der restlichen Butter, die Krebsschwänze im Fond erwärmen. Die Sauce mit dem Rührstab schaumig rühren und je nach Konsistenz noch einige kalte Butterstückchen zugeben. Die Kaiserschoten auf Teller verteilen, die Küken darauf anrichten, mit den Krebsschwänzen garnieren und mit der Sauce überziehen. Dazu Nudeln oder Wildreis servieren.

J.M.

Weinempfehlung: Kräftiger Chardonnay aus dem Piemont, z.B. Angelo Gajas Chardonnay Gaja & Rey.

Vorbereitung 45 Min.
Garzeit 15 Min.
4 Stubenküken (à 300 g)
1 kg Flußkrebse
500 g Kaiserschoten
1 Stange Lauch
1 Stück Sellerie
1 Karotte
1 Fleischtomate
2 Schalotten
1 Knoblauchzehe
100 g Butter
1 TL Tomatenmark
200 ml Sahne
250 ml Weißwein
500 ml Fischfond
40 ml Portwein
20 ml Sherry
1 Spritzer Cognac
Tafelöl
1 Zweig Thymian
Salz, Pfeffer

NOCH SINGEN DIE SILVESTERKARPFEN
„O DU FRÖHLICHE..."

Zandersoufflé mit Krebsschwänzen in rosa Champagnersauce

Aus dem Zander wie im Anhang beschrieben eine Farce zubereiten, mit Cayennepfeffer, Sherry, Pernod und Salz abschmecken.
Die Krebse in reichlich Salzwasser ca. 3 Min. kochen, Schwänze und Scheren ausbrechen und beiseite stellen. Das Gemüse putzen, waschen und in kleine Stücke schneiden.
Für die Sauce die Krebskarkassen zerkleinern. In einer Kasserolle 50 g Butter erhitzen, feingehackte Schalotten, das kleingeschnittene Gemüse und die Krebskarkassen darin anschwitzen. Thymian, Tomatenmark und Pfeffer zugeben, mit Fischfond und Wein ablöschen und auf kleiner Flamme 15 Min. köcheln lassen. Durch ein Haarsieb in eine Kasserolle passieren. Champagner zugeben und auf 200 ml reduzieren. Danach 200 ml Sahne einrühren und nochmals 5 Min. köcheln lassen.
Vom Spinat die Stiele entfernen, in reichlich kochendem Salzwasser blanchieren, kalt abschrecken und abtropfen lassen.
Kleine Auflaufförmchen oder Kaffeetassen mit halbflüssiger Butter ausstreichen. Mit Spinatblättern auslegen, danach die Zanderfarce und die Hälfte des Krebsfleisches in die Förmchen füllen. Im vorgeheizten Backofen abgedeckt bei ca. 150° im Wasserbad 10 Min. garen.
Die Sauce mit Salz, Zucker und Cognac abschmecken, mit dem Rührstab unter Zugabe von einigen Butterstückchen und einem Spritzer Champagner aufschäumen. Das restliche Krebsfleisch in der Sauce erwärmen.
Den Spinat in Butter erhitzen und auf warme Teller verteilen. Darauf die Zandersoufflés stürzen, mit dem Krebsfleisch garnieren und mit der Krebssauce überziehen. J.M.

Weinempfehlung: Badischer Weißherbst, trokkene Spätlese vom Kaiserstuhl oder rosé Champagner aus dem Hause Bollinger.

Vorbereitung 1 Std.
Garzeit 40 Min.
800 g frische Krebse
750 g Blattspinat
1 Stück Lauch
1 Stück Sellerie
1 Fleischtomate
1 kl. Karotte
2 Schalotten
Butter
1 TL Tomatenmark
200 ml Sahne
500 ml Fischfond
100 ml Weißwein
100 ml rosé Champagner
10 ml Cognac
1 Zweig Thymian
etwas Zucker
Salz, Pfeffer
Für die Farce
400 g haut- und gräten-
freies Zanderfilet
2 Eiweiß
300 ml Sahne
1 Spritzer Sherry
1 Spritzer Pernod
Cayennepfeffer

Garnelen mit Basilikumnudeln und grünem Spargel

Vorbereitung 25 Min.
Garzeit 10 Min.
16 – 20 Garnelen
400 g grüner Spargel
300 g Nudeln
40 g Butter
250 ml Hummerreduktion
(siehe Anhang)
40 ml Cognac
100 ml Sahne
2 TL Olivenöl
10 Basilikumblätter
Salz, Pfeffer

Die Garnelen in kochendem Wasser garen, die Schwänze längs halbieren, den Darm entfernen. Im erhitzten Olivenöl kurz anschwenken, mit Salz und Pfeffer abschmekken. Währenddessen den Spargel in Salzwasser garen.

Für die Hummersauce zunächst den Cognac etwas reduzieren, mit der Hummerreduktion und Sahne aufkochen und abschmecken.

Das Basilikum in feine Streifen schneiden, zusammen mit den gekochten, abgetropften Nudeln in Butter schwenken, mit Salz und Pfeffer abschmecken. Die Nudeln auf den vorgewärmten Tellern anrichten, Spargel und Garnelen daneben legen und mit der Hummersauce überziehen. C.B.

Weinempfehlung: Dezente, durchgegorene Rieslingweine, alle Weine der Burgunderfamilie wie Weiß- und Grauburgunder, Chardonnay, Silvaner sowie Müller-Thurgau.

Langustenmedaillons auf Zuckererbsenpüree mit Paprikabutter

Vorbereitung 1 Std.
Garzeit 12 Min.
1 Languste (1000 – 1200 g)
450 g rote Paprikaschoten
300 g Zuckererbsen
1 kl. Schalotte
80 g Butter
40 ml weißer Portwein
1 Spritzer Champagner
Wasser
etwas Champagneressig
1 EL Honig
1 EL Zucker
Salz, Pfeffer

Die Paprikaschoten vierteln und waschen. Vier schöne Stücke schälen und in Rauten oder kleine Würfel schneiden, beiseite stellen. Die restlichen Paprikaschoten in Streifen schneiden, mit der feingehackten Schalotte in Butter glasig anschwitzen und mit weißem Portwein, etwas Champagner und 250 ml Wasser ablöschen. Abgedeckt gut weich kochen, im Mixer pürieren, durch ein Haarsieb streichen und beiseite stellen.
In einer Kasserolle den Zucker leicht anbräunen, mit etwas weißem Portwein, einem Spritzer Champagneressig und 1/2 Tasse Wasser ablöschen, glattrühren. Die Paprikarauten und den Honig zugeben und weich kochen.
Die Zuckererbsen in Salzwasser kurz aufkochen, abschütten und im Mixer fein pürieren. Durch ein Haarsieb streichen, etwas Butter unterrühren und mit Salz und Zucker abschmecken.
Währenddessen die Languste in reichlich kochendem Salzwasser 12 Min. garen, kurz in kaltem Wasser abschrecken. Das Langustenfleisch ausbrechen und warmstellen. Paprikabutter und die Paprikarauten mischen, erhitzen und auf dem Teller anrichten. Das Langustenfleisch in Scheiben schneiden, auf die Paprikabutter legen und mit dem Erbsenpüree servieren. J.M.

Weinempfehlung: Kräftiger, gehaltvoller weißer Burgunder, z.B. ein 5 – 8jähriger Meursault Perrières von Guy Roulot.

Überbackene Seezungenfilets auf Morchelrahmsauce

Vorbereitung 30 Min.
Ruhezeit 1 Std.
Garzeit 15 Min.
12 Seezungenfilets (à 50 – 60 g)
100 g Butter
Butterflocken
100 ml Weißwein
100 g Weißbrotkrumen
Salz, Pfeffer
Für die Sauce
50 g getrocknete Spitzmorcheln
1 Schalotte
40 g Butter
2 EL geschlagene Sahne
20 ml Cognac
300 ml Fischsauce (siehe Anhang)
1 Spritzer trockener Sekt

Für die Sauce zunächst die getrockneten Spitzmorcheln in ca. 0,5 l lauwarmem Wasser 1 Std. einweichen. Die Morcheln ausdrücken, je nach Größe längs halbieren und mehrmals waschen. Das Einweichwasser ohne Sandreste in eine Kasserolle gießen und auf ein Drittel reduzieren.

Die Morcheln und die gehackte Schalotte in Butter anschwitzen, mit Cognac und dem Morchelsud ablöschen und mit der Fischsauce auffüllen. Auf kleiner Flamme ca. 10 Min. köcheln lassen, mit geschlagener Sahne und einem Spritzer Sekt verfeinern.

Währenddessen den Fisch würzen und die Innenseite der Filets mit halbflüssiger Butter bestreichen. Die gebutterte Seite auf die Brotkrumen legen, leicht andrücken und mit den Krumen nach oben in eine gebutterte, feuerfeste Form legen. Über die Filets einige Butterflocken geben, mit etwas Weißwein angießen und unter dem Grill bei starker Oberhitze garen.

Die Sauce auf die Teller verteilen, Seezungenfilets darauf anrichten und mit Nudeln servieren. J.M.

Weinempfehlung: Milder und reifer weißer Burgunder, z.B. Vougeot Blanc Premier Cru von Bertagna.

Sandmuschel-Ravioli mit Karotten-Champagner-Sauce

- Vorbereitung 45 Min.
- Garzeit 30 Min.
- 32 Sandmuscheln
- 4 – 5 Karotten
- 1 Schalotte
- 1 Knoblauchzehe
- 150 g Butter
- 2 Eigelb
- 2 EL geschlagene Sahne
- 40 ml Sahne
- 60 ml trockener Weißwein
- 100 ml Fischfond
- 50 ml Champagner
- 200 g Nudelteig (siehe Anhang)
- Basilikum
- Petersilie
- Zucker
- Salz, Pfeffer

Die Muscheln mehrmals gut waschen. In einer Kasserolle die feingehackte Schalotte mit etwas Butter anschwitzen. Den Knoblauch und die Muscheln dazugeben, nur pfeffern, nicht salzen. Mit Weißwein und der flüssigen Sahne ablöschen, ca. 4 Min. gut kochen, so daß sich die Muscheln öffnen. Muscheln, die sich nicht öffnen, dürfen nicht weiterverwendet werden. Die Muscheln aus der Schale lösen, beiseite stellen. Den Garfond passieren, zusammen mit dem Fischfond auf die Hälfte reduzieren, beiseite stellen.

Die geschälten Karotten mit etwas Wasser, Salz und einer Prise Zucker weichkochen und pürieren. 80 g Butter in das lauwarme Püree rühren, beiseite stellen.

Die restliche Butter mit dem fein geschnittenen Knoblauch und den Kräutern vermischen und mit dem Muschelfleisch leicht erwärmen. Den Nudelteig in dünnen Bahnen ausrollen. Die Muscheln im Abstand von ca. 2 – 3 cm auf eine Bahn legen. Eine zweite Teigbahn mit wasserverdünntem Eigelb bestreichen, darüberlegen und andrücken. Mit einem Teigrad die Raviolis portionieren und 3 – 5 Min. in Salzwasser kochen. Herausnehmen und auf den Tellern anrichten.

Währenddessen das Karottenpüree zum Fond geben und schaumig rühren. Champagner und die geschlagene Sahne zugeben, mit Salz und Pfeffer abschmecken. Die Sauce leicht erwärmen, jedoch nicht mehr kochen lassen. Die Raviolis damit überziehen. C.B.

Weinempfehlung: Ein dem Champagner verwandter Wein, also alle mindestens mittleren Jahrgänge der Burgunderfamilie oder ein großer Riesling mit dezentem Sortenbukett.

ZWISCHEN LAND UND MEER IRRT RATLOS
EIN GENMANIPULIERTES TIER UMHER,
DER HUHNFISCH.

Gebratener Zander auf bunten Linsen

Vorbereitung 45 Min.
Einweichzeit 24 Std.
Garzeit 15 Min.
640 g schuppen- und grätenfreies Zanderfilet
100 g Speck
50 g grüne Linsen
50 g gelbe Linsen
50 g rote Linsen
1 Stück Lauch
1 mittlere Karotte
1 kl. Stück Knollensellerie
500 g Kartoffeln
Mehl
50 g Butter
1 EL geschlagene Sahne
300 ml Fischsauce (siehe Anhang)
etwas Essig
100 ml Fischfond (siehe Anhang)
Tafelöl
Salz, Pfeffer

Die Linsen über Nacht einweichen. Lauch, Karotte und Sellerie waschen, schälen und linsengroß würfeln.

Die Gemüsewürfelchen in Butter anschwitzen, die gut abgespülten Linsen dazugeben. Mit einem Spritzer Essig und Fischfond ablöschen, würzen und abgedeckt 2 – 3 Min. kochen.

Kartoffeln in 8 mm große Würfelchen schneiden und in Salzwasser nicht zu weich kochen. Kalt abschrecken und zum Abtropfen auf ein Tuch legen. Den Speck ebenfalls würfeln. Kartoffel- und Speckwürfel in Öl kroß anbraten.

Währenddessen das Fischfilet mit Haut in acht gleiche Stücke schneiden, würzen, in Mehl wenden, in Öl kurz anbraten und in Butter fertig garen.

Das Gemüse auf die Teller verteilen, die erhitzte, mit etwas geschlagener Sahne abgerundete Fischsauce darüber geben. Die Zanderstücke darauf anrichten und mit den Speckkartoffeln servieren. J.M.

Weinempfehlung: 2 – 3jährigen Grünen Veltliner Smaragd vom Weingut Knoll aus der Wachau.

ER NENNT SICH PAUL KLEE,
UND ANGEBLICH SCHWIMMT ER SONST IN EINER
KUNSTHALLE IN HAMBURG.

Wolfsbarsch auf Fenchel und Austernpilzen

Vorbereitung 20 Min.
Garzeit 30 Min.
4 Wolfsbarschfilets (à 180 g)
12 Austernpilze
4 Minifenchel
50 g Butter
30 ml Noilly Prat
frischer Thymian
50 ml flüssige Sahne
Salz, Pfeffer

Für die Beurre blanc
250 g Butter
5 Schalotten
250 ml Grauburgunder

Den Fenchel mit wenig Wasser und etwas Butter dünsten, leicht würzen.
Für die Beurre blanc werden zunächst die feingehackten Schalotten und der Wein langsam auf ein Drittel reduziert. Die flüssige Sahne und etwas Noilly Prat zugeben. Nun die handwarme Butter nach und nach darunter schlagen, dabei darf die Sauce keinesfalls mehr kochen. Abschmecken und etwas Thymian zugeben. Auf kleiner Flamme warmhalten.
Währenddessen den gehäuteten Wolfsbarsch und die Austernpilze in der restlichen Butter braten, würzen, mit etwas Thymian bestreuen. Die Beurre blanc flächig auf die Teller verteilen, den abgetupften Fisch darauf legen, mit dem Fenchel und den Austernpilzen garnieren. Als Beilage Salzkartoffeln servieren. C.B.

Weinempfehlung: Reife Grau- und Weißburgunder der großen Jahrgänge 1988, 1989 und 1990 besitzen die Fülle und Charme, dieses Gericht zu begleiten.

Lachsforellenfilet auf Estragonsabayon

Vorbereitung 45 Min.
Garzeit 10 Min.
4 Lachsforellen (à 350 g)
1 kl. Schalotte
4 Eigelb
Mehl
150 g Butter
geklärte Butter
300 ml Weißwein
2 Estragonzweige
1 kl. Lorbeerblatt
2 Nelken
Salz, Pfeffer

Die Fische säubern, schuppen, waschen und filieren. Noch vorhandene Gräten entfernen, die Filets trockentupfen und kühlstellen. Karkassen beiseite stellen.
Estragonblättchen zupfen, fein hacken und abgedeckt beiseite stellen. Die Stiele für den Fond aufbewahren.
Für den Sabayon zunächst Fischköpfe und Gräten kalt abspülen, in einer kleinen Kasserolle mit dem Weißwein angießen und unter Zugabe der gehackten Schalotte, Estragonstielen, Lorbeerblatt, Nelken und etwas Pfeffer zum Kochen bringen. Abgedeckt bei kleiner Hitze 5 Min. ziehen lassen. Den Fischfond passieren, auf ca. 100 ml reduzieren und in einen Rührkessel geben. In einer Kasserolle Butter erwärmen, währenddessen Eigelb unter den Fischfond rühren und bei kleiner Flamme im Wasserbad mit einem Schneebesen schaumig rühren. Zum Schluß die gut warme, zerlassene Butter unterrühren. Mit gehacktem Estragon und etwas Salz abschmecken.
Die Filets würzen, in Mehl wenden und in geklärter Butter anbraten. Auf dem Sabayon anrichten. Als Beilage eignen sich Butterkartoffeln.

J.M.

Weinempfehlung: Reifer Riesling aus der Wachau, z.B. Riesling Hochrain Smaragd von Franz Hirtzberger.

IM DORF IST JEAN-PIERRE NICHT BELIEBT,
WEIL ER IMMER ÜBERTREIBT.

DIE SCHWEIGENDE MEERHEIT

Paella

Vorbereitung 45 Min.
Garzeit 20 Min.
1 Perlhuhn
6 Garnelen
400 g Miesmuscheln
1 rote Paprikaschote
1 grüne Paprikaschote
1 gelbe Paprikaschote
4 Schalotten
1 Knoblauchzehe
Olivenöl
125 ml trockener Weißwein
375 ml Hühnerbrühe
200 g Rundkornreis
1 EL Currypulver
Safranfäden
Salz, Pfeffer

Das Perlhuhn entbeinen und in Stücke schneiden, die Paprikaschoten putzen und klein schneiden.
Die Huhnstücke würzen und mit den feingehackten Schalotten und Knoblauch in Olivenöl anschwitzen. Paprikastücke, Reis und Safran zugeben, mit Curry bestäuben. Mit Weißwein und Hühnerbrühe ablöschen. Zugedeckt bei 200° im Ofen ca. 15 Min. garen.
Währenddessen die Garnelenschwänze halbieren und kurz in Olivenöl anbraten. Die Miesmuscheln waschen und den Bart entfernen. Garnelen und Miesmuscheln unter den Reis heben, weitere 5 Min. nicht abgedeckt im Ofen garen. Mit Salz und Pfeffer abschmecken. J.M.

Weinempfehlung: Rosé aus der Provence, z.B. einen frischen Coeur de Grain von der Domaine Ott.

Beurre blanc

Für 300 ml
5 Schalotten
250 ml trockener Weißwein
250 g Butter
Die feingehackten Schalotten mit dem Weißwein langsam auf ein Drittel reduzieren, passieren. Die handwarme Butter nach und nach darunter rühren. Dabei darf die Sauce keinesfalls mehr kochen. Auf kleiner Flamme warmhalten.

Bouquet garni

1 kl. Stange Lauch
2 Zweige Thymian
2 Zweige Petersilie
3 Nelken
2 Lorbeerblätter
50 g Sellerieknolle
50 g Karotte
40 g Zwiebel
Eine Grundzutat für Brühen und Fonds aller Art, das entsprechend dem Charakter des Gerichts durch Zugabe anderer Kräuter und Gewürze abgewandelt werden kann.
Den geputzten Lauch der Länge nach aufschlitzen, zwei Lauchblätter übereinander legen, Kräuter, Nelken und Lorbeerblätter darauflegen, Blätter überklappen, mit Küchengarn zubinden. Ergänzt werden kann es mit Karotten, Zwiebel und Sellerie. Sellerie und Karotten putzen, grob zerteilen, die geschälte Zwiebel halbieren. Soll die Brühe eine kräftige Farbe erhalten, die Zwiebel nicht schälen und die Schnittfläche auf der heißen Platte kurz anbräunen. Die Zwiebel wird oft auch mit Lorbeer und Nelken gespickt und separat in den Sud gegeben.
Die klein geschnittenen Zutaten können auch als Röstgemüse mit angebraten und dann abgelöscht werden.

Fischfarce

400 g haut- und grätenfreies Zanderfilet
2 Eiweiß
Salz
400 ml Sahne
Zander eignet sich wegen des nicht zu trockenen Fleisches sehr gut, je nach Bedarf können auch andere Fische wie z.B. Hecht verwendet werden.
Das Fleisch zunächst kleinschneiden, mit leicht geschlagenem Eiweiß, Salz und evtl. anderen Gewürzen (Cayenne, weißer Pfeffer) mischen und im Gefrierfach leicht anfrieren. Den angefrorenen Fisch nach und nach unter Zugabe der Hälfte der sehr kalten Sahne im Mixer fein pürieren. Die Masse darf sich dabei nicht erwärmen.
Die Farce passieren und auf Eis langsam mit der restlichen Sahne aufschlagen. Solange kräftig rühren, bis eine feste, luftige Masse entsteht. Die Farce sollte sofort verbraucht werden.
Diese Grundfarce kann vielseitig variiert werden. Wenn gewünscht, kann sie mit Noilly Prat, Sherry oder Pernod abgeschmeckt werden; oder mit kleinen Gemüsewürfeln, Safran oder Kerbel vermengt. Mit Kurkuma oder Petersilie kann sie auch gelb bzw. grün gefärbt werden.

Fischfond

Für 1 l
1 kg Fischgräten und -köpfe
2 Stangen Staudensellerie
Petersilie
2 Zweige Thymian
1/2 Stange Lauch
6 Schalotten
1 Lorbeerblatt
6 weiße Pfefferkörner
Zum Klären
100 g Fischabschnitte
4 Eiweiß
Petersilienstiele oder -wurzel
Kräuter (Basilikum, Estragon, Thymian)
1 Schalotte
2 Champignons
Für den Fischfond Fischkarkassen (Steinbutt und Seezunge eignen sich am besten, fetter Fisch wie Lachs ist nicht besonders geeignet) mit dem geputzten, kleingeschnittenen Gemüse, Kräutern und Gewürzen in 2,5 l kaltem Wasser ansetzen. Zum Sieden bringen, abschäumen und 1 Std. leise köcheln lassen, dabei wenn nötig abschäumen und zuletzt passieren. Den Fond nicht zu stark kochen, sonst wird er trübe.
Zum Klären Fischabschnitte, Kräuter, Schalotten und Champignons zerkleinern und mit Eis und aufgeschlagenem Eiweiß vermischen, unter den kalten Fond rühren. Bei niedriger Hitze und unter ständigem Rühren ganz langsam erhitzen, nicht zum Kochen bringen. Wenn das Eiweiß zu stocken beginnt, nicht mehr weiterrühren. Noch ca. 10 Min. ziehen lassen. Nachdem der Sud klar ist, passieren. Wenn nötig, mit Salz und Pfeffer abschmecken.

Fischgelee

500 ml geklärter Fischfond
5 – 6 Blatt Gelatine
Salz, Pfeffer
Den geklärten Fischfond etwas stärker würzen. Die Gelatine zunächst in kaltem Wasser einweichen, gut ausdrücken und in dem etwas erwärmten Fond auflösen.

Fischgrundsauce

Für 500 ml
500 ml Fischfond
200 ml trockener Riesling
125 g Crème double
125 g Crème fraîche
1 geh. EL Mehl
50 g Butter
30 g Fenchel
30 g Lauch
30 g Staudensellerie
50 g Champignons
4 Schalotten
Tabasco
2 EL Pernod
4 EL Noilly Prat
Salz, weißer Pfeffer
Fenchel, Lauch, Sellerie und Champignons putzen und würfeln. Die grob gehackten Schalotten in der aufgeschäumten Butter glasig anschwitzen. Die Gemüsewürfel zugeben und mit Mehl bestäuben. Mit Riesling, Pernod und Noilly Prat ablöschen und mit dem Fischfond aufgießen. Ca. 15 Min. kochen, passieren und auf ein Drittel reduzieren. Crème double und Crème fraîche zugeben, mit Salz, Pfeffer und Tabasco abschmecken. Nochmals 5 Min. kochen.

Geflügelfond

Für 1 l
1 kg Geflügelknochen
5 Schalotten
1 Karotte
1 Stück Staudensellerie
1/2 Stange Lauch
Thymian
Petersilienstiele
Pfeffer
2 l Wasser
Geflügelknochen in kleine Stücke hacken, mit Wasser bedecken, das kleingeschnittene Gemüse und die Kräuter hinzufügen. Zum Kochen bringen, immer wieder abschäumen. 3 Std. leise köcheln, passieren und entfetten. Wenn nötig, leicht salzen und pfeffern. Gekühlt aufbewahren.

Geklärte Butter

Butter langsam erhitzen und leise köcheln, bis alles Wasser verdampft ist und das Fett nicht mehr spritzt. Dabei setzt sich gerinnendes Eiweiß oben als Schaum, unten als Bodensatz ab. Sorgfältig abschäumen und passieren. Die geklärte Butter (Butterschmalz) läßt sich höher erhitzen als ungeklärte Butter und ist deshalb sehr gut zum Braten geeignet. Sie kann kühl, trocken und dunkel längere Zeit aufbewahrt werden, am besten in einem Steintopf.

Hummerbutter

Fein gestoßene Hummerkarkassen mit gleicher Menge handwarmer Butter vermischen. Die Mischung in einen flachen Topf mit 250 ml kochendem Wasser geben, im Ofen bei 170° 30 – 40 Min. ziehen lassen. Passieren, dabei die Karkassen gut auspressen. Nochmals kochen, bis die Flüssigkeit verdampft ist. Gekühlt lagern.

Hummerreduktion

Für 500 ml
4 – 5 Hummerkarkassen
Röstgemüse
1 EL Tomatenmark
300 ml Weißwein
1,5 l ungeklärter Fischfond
40 ml Cognac
3 EL Tafelöl
1 – 2 EL Mehl
1 Lorbeerblatt
Kräuter (Thymian, Petersilie)
Pfeffer, Zucker
Kleingeschnittenes Gemüse und zerstoßene Hummerkarkassen anbraten, Tomatenmark zugeben und mit Cognac flambieren. Mit etwas Mehl bestäuben, mit Weißwein ablöschen und mit ungeklärtem Fischfond aufgießen. Kräuter und eine kl. Prise Zucker zugeben, 20 – 30 Min. stark kochen und passieren, dabei die Karkassen gut ausdrükken. Anschließend auf ein Drittel reduzieren, abschmecken. Salz ist meist nicht nötig.

Kalbsjus

Fleisch anbraten und würzen. Röstgemüse und eine Tomate zugeben. Das fertig gebratene Fleisch herausnehmen. Fett abschütten, den Satz mit trockenem Weißwein ablöschen und reduzieren. Mit brauner Kalbsbrühe oder Wasser auffüllen. Reduzieren, passieren und würzen.

Kräuterbutter

250 g Butter und 50 g frische gehackte Petersilie oder andere Kräuter und etwas Zitronensaft miteinander vermengen, nach Bedarf abschmecken.

Mayonnaise

500 ml Öl
2 Eigelb
1/2 EL Senf
1/2 EL Weinessig
Salz, Pfeffer
Das Eigelb mit dem Senf, Essig, Salz und Pfeffer in einer Schüssel leicht schaumig rühren. Alle Zutaten sollten dieselbe Temperatur haben. Nach und nach das Öl unterschlagen. Falls die Mayonnaise während des Schlagens zu fest wird, etwas Wasser zugeben. Falls sie gerinnt, mit etwas warmem Wasser vorsichtig wieder aufschlagen.

Mehlbutter

Gleiche Menge weiche Butter und Mehl verkneten, bis die Masse weder an Geschirr noch an Fingern klebt. Dient zum Binden.

Nudelteig

150 g Mehl
4 Eigelb
einige Tropfen Öl
Salz
Mehl, Eigelb und Öl wird zu einem glatten Teig verarbeitet. In ein feuchtes Tuch einschlagen und 2 Std. im Kühlschrank ruhen lassen. Den Teig dünn ausrollen und in Streifen der gewünschten Breite schneiden, 2 – 3 Min. in leicht gesalzenem Wasser kochen.

Nussbutter

Ganz leicht gebräunte Butter besitzt einen nußartigen Geschmack. Sie enthält keine Nüsse.

Pesto

40 g Basilikumblätter
2 TL Pinienkerne
20 g Parmesan
2 Knoblauchzehen
5 g grobes Salz
8 EL Olivenöl
Pfeffer
Die Zutaten außer Parmesan und Öl im Mixer pürieren, den frisch geriebenen Käse sowie nach und nach das Öl zugeben.
Kann im Kühlschrank, mit einer Schicht Öl abgedeckt, einige Tage aufbewahrt werden.

Sauce Choron

Ergibt bis zu 500 ml, je nach dem Volumen des erzeugten Schaums.
250 g Butter
2 kl. Schalotten
4 gr. Eigelb
60 ml trockener Weißwein
1 EL Estragonessig
4 – 6 EL Wasser
fein gemahlener weißer Pfeffer
1 Tomate
1 TL Tomatenmark
Kräuter (Estragon, etwas Kerbel, Petersilie und Schnittlauch)
1/2 Zitrone
In einer Kasserolle den Weißwein und Estragonessig mit der sehr feingehackten Schalotte und dem fein gemahlenen weißen Pfeffer auf ein Drittel reduzieren. Währenddessen die Butter zerlassen, beiseite stellen. Die Reduktion, das Eigelb und Wasser im Wasserbad zu einem Sabayon schlagen. Sobald der Sabayon schaumig wird, die zerlassene Butter darunter rühren.
Die enthäutete, kleingewürfelte Tomate, die Kräuter und das glattgerührte Tomatenmark zugeben. Mit Salz, Pfeffer und Zitronensaft abschmecken. Die Sauce kann im Wasserbad bis zu einer Stunde warm gehalten werden.

Sauce hollandaise

Ergibt bis zu 500 ml, je nach dem Volumen des erzeugten Schaums.
1 kl. Schalotte
40 ml Weißwein
2 EL Essig
100 ml Wasser
fein gemahlener weißer Pfeffer
4 Eigelb
200 g zerlassene Butter
Salz
Die feingehackte Schalotte, den Weißwein, Essig, Wasser und fein gemahlenen weißen Pfeffer in eine kleine Kasserolle geben und auf etwa ein Drittel reduzieren. Durch ein Haarsieb geben, abkühlen lassen und mit dem Eigelb verrühren. Im nicht zu warmen Wasserbad gut schaumig rühren. Die zerlassene, aber noch warme Butter nach und nach unterrühren. Mit einer Prise Salz abschmecken.

Trüffelsauce

Feingehackte Trüffel in etwas Butter anschwitzen, mit Portwein und käuflichem Trüffelfond ablöschen. Auf die Hälfte reduzieren, mit Kalbsbratenfond auffüllen und mit Butter montieren.

Filieren und Zerlegen

Die Frische des Fisches erkennt man allgemein am fehlenden Fischgeruch, dem festen Fleisch, an der glänzenden, schleimigen Haut, an den klaren Augen und an den grellroten Kiemen. Schuppen, Flossen und Schwanz dürfen nicht vertrocknet oder beschädigt sein. Bei Plattfischen sind frische Tiere steif, und die Haut läßt sich nur schwer lösen. Frische Forellen biegen sich beim Braten oder Kochen sehr stark.
Frischer Fisch sollte sofort verarbeitet werden, er läßt sich nur einen Tag auf Eis aufbewahren. Beim Fischkauf kommt es mehr als sonst auf eine gute Einkaufsquelle an, um wirklich beste Qualität zu erhalten.

Rundfische

Zuerst muß der Fisch geschuppt und ausgenommen werden.
Am besten schuppt man mit einem kleinen Messer unter dem Wasserhahn vom Schwanz zum Kopf hin. Zum Ausnehmen wird der entschuppte Fisch vom Darmausgang zu den Kiemen hin an der Bauchseite vorsichtig aufgeschnitten, dabei nicht zu tief schneiden, sonst werden die Innereien verletzt. Besonders ist darauf zu achten, daß die Galle nicht angeschnitten wird, sie sitzt mit der Leber am Kopfende. Innereien herausnehmen und die Bauchhöhle gründlich auswaschen.
Zum Filieren wird zunächst der Rücken vom Kopf zum Schwanz hin tief eingeschnitten, dann hinter dem Kiemen einschneiden und das Filet von den Gräten ablösen. Wenn die Stützgräten entlang der Bauchhöhle abgeschnitten wurden, das Filet mit einer Pinzette entgräten. Den Fisch umdrehen und das zweite Filet ebenso von der Gräte lösen.
Um das Filet zu häuten, wird es auf die Hautseite gelegt und vom Schwanz her mit einem scharfen Messer die Haut vom Fleisch getrennt. Mit der Haut wird die eventuelle Fettschicht darunter abgeschnitten.

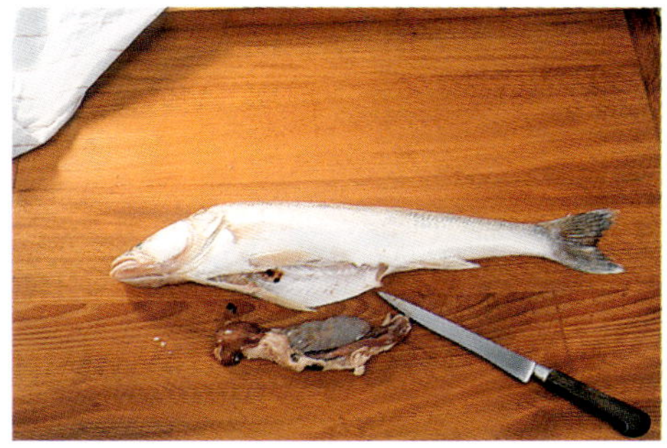

Plattfische

Zungen häutet man vor dem Filieren. Die Haut wird vom Schwanz her abgezogen. Dazu entweder den Schwanz abschneiden oder die Haut vor dem Schwanz quer durchschneiden, Haut zum Kopf hin abziehen. Zum Filieren zunächst entlang den Rücken- bzw. Bauchflossen einschneiden, dann in der Mitte dem Rückgrat entlang. Die beiden oberen Filets abheben. Den Fisch umdrehen und die Unterseite filieren. Größere Plattfische wie Steinbutt filiert man ungehäutet. Der Steinbutt ist normalerweise bereits ausgenommen. Auf der Oberseite zunächst parallel zur Bauchflosse einschneiden, dann einen geraden Schnitt entlang dem Rückgrat in der Fischmitte führen. Das Filet kann nun vom Schwanz her mit dem Messer zum Bauch bzw. Rükken hin abgelöst werden. Das Filet auf die Hautseite legen, mit dem Messer das Fleisch von der Haut lösen.

Aal

Um den Aal zu häuten, einen Rundschnitt hinter den Halsflossen anbringen. Den Kopf mit einem Tuch halten, die Haut mit einer Zange lösen und mit Kraft zum Schwanz hin abziehen. Vom Darmausgang zum Kopf hin den Bauch aufschneiden, dabei die Galle (am Kopfende) nicht verletzen. Außerdem muß vom Darmausgang zum Schwanz hin der Bauch 3 – 4 cm aufgetrennt werden. Hier sitzt noch ein Blutsack, der nicht verletzt werden sollte. Innereien herausnehmen, Blut abkratzen und Bauchhöhle gründlich waschen.

Zum Filieren den Rücken einschneiden, vom Schwanz her das Filet von den Gräten ablösen und abnehmen. Vom Filet die Rücken- und Bauchflossen abschneiden, das Fett abschaben oder, bei einer dickeren Fettschicht, das Filet mit der fetten Seite auf den Tisch legen und das Fleisch mit dem Messer vom Fett trennen.

Hummer

Lebende Hummer zunächst in sprudelnd kochendem Wasser töten, dabei mit dem Kopf zuerst in das bereits kochende Wasser geben. Schwanz und Zangen wegbrechen. Die Zangen werden am Rand entlang aufgeschnitten, die Spitzen evtl. gekappt. Die Schale notfalls vorsichtig zertrümmern. Den Schwanz beim Auslösen nicht gerade biegen, sonst reißt das Fleisch. Die Segmente vielmehr einzeln zerbrechen oder nacheinander mit einer starken Schere mit zwei Schnitten am Bauch aufschneiden. Die weiblichen Tiere enthalten den roten Corail.

Muscheln

Alle rohen Muscheln sollten geschlossen sein, offene Muscheln vorsichtshalber nicht verwenden. Gründlich waschen, bei Miesmuscheln die Schalen abkratzen und den tangähnlichen Bart entfernen. Beim Kochen öffnen sich Muscheln nach einigen Minuten und sind dann gar. Muscheln, die sich nicht geöffnet haben, nicht verwenden.

Austern

Austern werden meist roh verzehrt bzw. muß zum Garen die Schale geöffnet werden. Dies geschieht mühelos und ganz ohne Kraftaufwand, wenn mit einem dünnen kleinen Messer der Muskel durchtrennt wird.

Die Auster wird mit der linken Hand so gehalten, daß sich der flache Deckel oben befindet. Das dicke Ende muß zu Ihrem Körper zeigen. Fahren Sie nun mit einem dünnen kleinen Messer an der rechten Seite der Auster ungefähr zwei Drittel vom dicken Ende entfernt ca. 1 cm tief zwischen die Schalen und schneiden zum dikken Ende hin. Der Deckel löst sich sofort.

Der Verlag und die Autoren danken der Firma Schafferer, Freiburg,
für die Bereitstellung des Geschirrs.

Die Deutsche Bibliothek – CIP-Einheitsaufnahme
Fisch à la Cartoon:
Gerichte aus dem Schwarzen Adler, Oberbergen, und
dem Restaurant Jörg Müller, Westerland /
gekocht von Christian Begyn und Jörg Müller.
Gezeichn. von Gerhard Glück. Photogr. von Achim
Käflein. Mit einem Vorw. von Franz Keller.
- Hannover: Fackelträger-Verl., 1994
ISBN 3-7716-1566-6
NE: Begyn, Christian; Glück, Gerhard

Titelphoto siehe Rezept Seite 88

Gesamtgestaltung: Jan Neuffer, Freiburg
Redaktion: Michael H. Müller, München
Reproduktionen: Mohndruck, Gütersloh
Satz: Michael H. Müller, München
Druck und Bindung: Mohndruck, Gütersloh

Printed in Germany 1994
ISBN 3-7716-1566-6